Wenn eine Regenhose zur »Schutzwaffe« wird, um friedliche Demonstranten als Bedrohung hinzustellen, der Gefahrenbereich zur »Sicherheitszone« mutiert oder der staatlich sanktionierte Mord zur »gezielten Tötung« wird, um ihn gerechtfertigt erscheinen zu lassen – dann steckt eine Absicht dahinter: Verschleiern, was das Zeug hält!

Nirgendwo fliegen mehr Worthülsen und Unworte umher als in der Politik und bei öffentlichen Debatten. Biermann und Haase analysieren diese Sprache der Politiker, hinterfragen die verwendeten Begriffe, beleuchten Wortverdrehungen und entlarven ideologische Implikationen und Manipulationen. Denn viele Worte, die wir als selbstverständlich hinnehmen, sind bei genauerem Hinsehen nichts anderes als dreiste Sprachlügen.

Martin Haase ist Blogger, Professor für Linguistik an der Otto-Friedrich-Universität Bamberg, Mitglied des Chaos Computer Clubs und bekennender Pirat.

Kai Biermann ist diplomierter Psychologe. Er arbeitet seit 1997 als Autor und als Journalist für verschiedene Tageszeitungen und Onlinemedien, seit 2007 als Redakteur und Ressortleiter bei ZEIT ONLINE.

Weitere Informationen, auch zu E-Book-Ausgaben, finden Sie bei www.fischerverlage.de

Kai Biermann / Martin Haase

SPRACH LÜGEN

Unworte und Neusprech von ›Atomruine‹ bis ›zeitnah‹

Fischer Taschenbuch Verlag

MIX
Papier aus verantwortungsvollen Quellen
FSC® C019821

Veröffentlicht im Fischer Taschenbuch Verlag,
einem Unternehmen der S. Fischer Verlag GmbH,
Frankfurt am Main, Januar 2013

Satz: Dörelmann Satz, Lemförde
Druck und Bindung: Druckerei C. H. Beck, Nördlingen
Printed in Germany
ISBN 978-3-596-19497-1

Was jemand willentlich verbergen will,
sei es vor anderen, sei es vor sich selber,
auch was er unbewusst in sich trägt:
Die Sprache bringt es an den Tag.

Victor Klemperer

A

Abfallbehandlung, thermische

Eigentlich Müllverbrennung. Allerdings möchte niemand hierzulande gern in der Nähe einer Müllverbrennungsanlage leben, weswegen die Betreiber nicht nur Ruß- und Abgasfilter einbauen, sondern auch Sprachfilter. Letztere funktionieren hier sogar in drei Stufen. Erstens ist Behandlung ein Wort, das den eigentlichen Prozess verschleiert. Es sagt lediglich aus, dass irgendetwas mit dem Müll geschieht. Zweitens ist aus dem Müll nun plötzlich Abfall geworden, der schon etwas weniger schmutzig und stinkend klingt. Drittens wird das Ganze ergänzt durch einen physikalischen Ausdruck, der dem Vorgang einen wissenschaftlichen und sachlichen Anstrich gibt. Allerdings passt das Adjektiv nicht zum Substantiv, denn der Abfall wird nicht thermisch, also durch Wärme behandelt. Er wird verbrannt. Das korrekte Adjektiv griechischen Ursprungs wäre eigentlich *kaustisch*, also »brennend«. Vielleicht empfanden die Wortschöpfer das ungebräuchliche Wort als zu viel des Guten. Angesichts des offensichtlichen Willens, den Prozess zu vernebeln, fällt es allerdings schwer, dabei an Skrupel zu glauben. Schließlich kann die Verschleierung sogar noch zur thermischen Abfallverwertung ausgebaut werden. Nach Neusprechkriterien ist das schon die hohe Schule. Wobei, da geht noch was: Wie wäre es mit dem Ausgraben – Verzeihung! – mit dem Recycling bewährter DDR-Propaganda? Dort wurde Müll als Sekundärrohstoff bezeichnet. Der lässt sich hier doch sicher noch irgendwo einbauen. Ach richtig, das passiert ja schon und nennt sich dann tatsächlich Sekundärbrennstoff.

abstrakt hoch

Abstrakt kommt vom lateinischen Verb *abstrahere*, »entziehen«. Die abstrakte Malerei beispielsweise ist eine, die dem realistischen Abbild entzogen ist beziehungsweise sich von ihm entfernt hat. Eine abstrakte Gefahr ist also weniger bedrohlich als eine unmittelbar drohende. Es ist eine Gefahr, die nicht konkret wird – abgeleitet vom lateinischen *concrescere*, »zusammenwachsen, erwachsen«. Das wirft die Frage auf, ob eine solche Gefahr damit überhaupt noch eine ist. Denn Gefahr wird definiert als (konkrete) Wirkung einer (bis dahin abstrakten) Gefährdung. Wenn Innenminister von einer Gefahr sprechen, die **abstrakt hoch** ist, bewegen sie sich also irgendwie in die falsche Richtung. Sie wollen nahelegen, das Risiko sei enorm. Allerdings machen sie diesen Gedanken mit dem adverbialen **abstrakt hoch** sogleich wieder zunichte und sagen eigentlich – wenn auch unwillentlich –, dass das Risiko wohl eher hochabstrakt und das → **Ereignis** eben nicht sehr wahrscheinlich ist. Klingt wie Quark? Ist es auch. Das kommt daher, dass das Versprechen der → **inneren Sicherheit** in der Politik ungefähr so leicht zu halten ist, wie die Quadratur des Kreises in der Mathematik lösbar. Die Vertreter dieses Spezialgebietes wollen einerseits Bürger vor Gefahren warnen, sie gleichzeitig aber auch beruhigen. Denn sie sollen sich zwar gerne ein wenig gruseln, um neue Überwachungsgesetze toll zu finden, aber sie sollen nicht gleich schreiend davonrennen. Wer will schon Wähler verschrecken. Da beides gleichzeitig unmöglich ist, kommt obiger Wahnwitz heraus.

absurd

Bedeutet streng genommen Unsinn und wird üblicherweise verwendet, um Aussagen oder Vorschläge des politischen Gegners abzuwehren oder um Forderungen von Wählern zu diskreditieren. Allerdings ist das Adjektiv wohl einer der vielseitigsten Begriffe politischer Sprache. Er kann je nach Zusammenhang völlig andere Bedeutungen annehmen, wird meistens aber als Antiphrase eingesetzt. Wer eine Behauptung **absurd** nennt, kann beispielsweise damit meinen, dass sie:

1. leider wahr ist, er es aber als Frechheit empfindet, dass sie öffentlich wiederholt wurde;
2. leider wahr ist und leider sogar belegbar, diese Tatsache für den Angeprangerten allerdings so peinlich ist, dass deren Erwähnung allein schon eine Frechheit darstellt;
3. möglicherweise wahr ist, aber glücklicherweise durch Fakten nicht belegt werden kann, weswegen die Äußerung selbstverständlich eine Frechheit ist. Der Ausdruck kann sich wie gesagt auch auf Forderungen beziehen. Und meint dann, dass diese:
4. zwar notwendig sein mögen, aber gerade furchtbar unpassend sind, warum auch immer;
5. zwar notwendig sein mögen, aber furchtbar teuer werden würden und daher politisch nicht vermittelbar sind – schon gar nicht vor einer Stadtrats-, Landtags-, Bundestags- … vor irgendeiner Wahl eben;
6. zwar notwendig sein mögen, aber nur gegen den Widerstand von Lobbyisten und Interessengruppen durchsetzbar wären, dass sie also das Risiko des politischen Scheiterns in sich tragen und daher ebenfalls nicht vermittelbar sind, schon gar nicht vor einer Wahl;
7. tatsächlich Unsinn sind (selten).

Aggressor

Bislang kannte lediglich das Völkerrecht **Aggressoren**. Der Ausdruck kommt vom lateinischen *aggredi* für »sich nähern, angreifen« und meint Staaten, die ihre Armeen losschicken, um einen anderen Staat zu überfallen. In letzter Zeit scheint es jedoch vermehrt Privatpersonen zu geben, die sich eine Armee zulegen und die damit Länder wie Deutschland anzugreifen drohen. Zumindest taucht der **Aggressor** inzwischen in den Reden von Politikern auf, wenn sie beispielsweise darüber schwadronieren, warum unbedingt die Bundeswehr auf den Straßen unserer Städte patrouillieren soll. Wobei immer etwas unklar bleibt, was genau nun unter einem **Aggressor** zu verstehen ist. Das liegt einerseits daran, dass es den Begriff in unserem Rechtssystem nicht gibt und er lediglich eine allgemeine Bezeichnung für Übeltäter ist. Andererseits sind dafür aber auch die Redner selbst verantwortlich, die das gern im Vagen lassen und den Ausdruck als Synonym mal für Terrorist, mal für → **Störer** benutzen. Dabei geht es nicht nur darum, dass der **Aggressor** bedrohlich klingt. Die Verwendung von Kriegsvokabular im Bereich der → **inneren Sicherheit** ist kein Zufall. Sie soll die Grenze zwischen Militär und Polizei verwischen und bedeutet eine Abkehr von rechtsstaatlichen Standards. Wer im Inneren von **Aggressoren** und Kombattanten redet, will nicht Straftaten ermitteln und sich mit Richtervorbehalten herumschlagen, sondern Krieg führen.

alternativlos

Wer Politiker so reden hört, der kann schnell den Eindruck gewinnen, sie könnten gar nicht anders, als zu tun, was sie eben tun. Denn haufenweise Dinge sind plötzlich **alternativlos**: Milliarden an kaputtgezockte Banken und bankrotte Staaten überweisen, dafür bei den Sozialausgaben und bei der Bildung sparen, einen → **Krieg** in Afghanistan führen et cetera. »There is no alternative«, sagte die britische Premierministerin Margaret Thatcher schon vor dreißig Jahren, als sie den sozialen Staat abschaffte und alle Macht den Spekulanten überließ. Und bis heute findet dieses seitdem sogenannte TINA-Prinzip Anhänger. Hierzulande ist es gerade wieder schwer in Mode. Schaut her, soll es ausdrücken, wir müssen das alles nun einmal genau so beschließen, das sind Naturgesetze, also hört endlich auf zu jammern. Wer will, kann das als eine Politik des übergesetzlichen Notstandes betrachten und die Argumentation damit übernehmen. Wer will, kann darin auch ein Eingeständnis der Politik sehen, hilflos zu sein. Doch träfe das nicht annähernd den Kern, wie die dabei gern verwendete **alternativlose** Entscheidung zeigt: Die nämlich ist ein Oxymoron, eine Verknüpfung von Dingen, die sich widersprechen. Wäre die Situation ohne Alternative, also Wahlmöglichkeit, gäbe es nichts zu entscheiden. Gibt es aber eine Alternative und sei es nur die, das Gesetz/das Geldverschenken/das Kriegführen eben sein zu lassen, steht auch eine bewusst getroffene Entscheidung dahinter. Wäre Politik also tatsächlich **alternativlos**, bräuchte es gar keine Politiker, die Dinge würden einfach so geschehen. Was zeigt, dass der Begriff auf keinen Fall hilflos ist. Er ist vielmehr eine Lüge. Völlig zu Recht wurde er daher 2011 zum Unwort des Jahres erklärt. Was aber lediglich dazu führte, dass Politiker sich nun Synonyme wie »unumgänglich« oder »beispiellos« für ihn ausdenken.

Antiterrordatei

Terror ist ein politisches Wunderwort. Mit ihm lässt sich dem gemeinen Wähler nahezu alles aufschwatzen. Zum Beispiel eine vom Bundeskriminalamt geführte Liste einer unbekannten Zahl von Menschen, zusammengestellt nach unbekannten Kriterien, gespeichert für eine unbestimmte Zeit und einen unklaren Verwendungszweck. Siehe auch → **Gefährder**. Nicht etwa Terrorgegner werden in der **Antiterrordatei** gespeichert, wie der Name vermuten ließe, sondern im Zusammenhang mit Terrorismus irgendwie auffällig gewordene Personen; »irgendwie« ist dabei wörtlich zu nehmen. Im Gesetzestext heißt es, registriert werden auch jene, »die rechtswidrig Gewalt als Mittel zur Durchsetzung international ausgerichteter politischer oder religiöser Belange anwenden oder eine solche Gewaltanwendung unterstützen, vorbereiten, befürworten oder durch ihre Tätigkeiten vorsätzlich hervorrufen«. Gespeichert wird auch, wer Kontakt zu solchen Personen hat oder wer von der Unterstützung rechtswidriger Gewalt »Kenntnis hat«. Das kann jeder sein, der auf einer Demonstration ein Transparent hochhält, und auch jeder, der mit einem Transparenthochhalter telefoniert. Nach dieser Definition müsste sogar der eine oder andere Politiker darin aufgeführt werden. Aber im Bundestag Angriffskriege zu unterstützen, zählt wahrscheinlich wieder nicht. Dass kaum jemand gegen die Einführung der **Antiterrordatei** protestiert hat, zeigt, wie leicht sich eine Erweiterung der Machtbefugnisse des Staates verkaufen lässt, wenn diese den Anschein erweckt, etwas gegen Terroristen zu unternehmen.

Arbeitgeber

»Es konnte mir nicht in den Sinn kommen, in das ›Kapital‹ den landläufigen Jargon einzuführen, in welchem deutsche Ökonomen sich auszudrücken pflegen, jenes Kauderwelsch, worin z. B. derjenige, der sich für bare Zahlung von andern ihre Arbeit geben läßt, der Arbeitgeber heißt, und Arbeitnehmer derjenige, dessen Arbeit ihm für Lohn abgenommen wird.« Den Satz schrieb Friedrich Engels im Vorwort zur dritten Auflage von Karl Marx' »Kapital«. Geholfen hat es nichts, das Kauderwelsch ist inzwischen gang und gäbe, überall ist vom **Arbeitgeber** die Rede. Der klingt, als würde er der Welt einen Gefallen tun, wenn er den Menschen mit all ihrer überschüssigen Arbeitskraft großzügig die Möglichkeit gibt, sich an Arbeitsplätzen abzuarbeiten. Folgerichtig heißt der, der sich dort abarbeiten darf, dann auch → **Arbeitnehmer**. Für Marx selbst war Arbeitskraft ganz nüchtern eine Ware, die von dem einen verkauft und von dem anderen gekauft wird. Die sich jedoch überhaupt nur auf dem Markt befindet, weil der Anbieter keine anderen Waren verkaufen kann – also gezwungen ist, seine Arbeitskraft gegen Geld zu tauschen. Irgendwie haben es deutsche Firmenchefs und Politiker geschafft, dieses Verhältnis sprachlich umzudrehen. Die, die hier »nehmen«, haben gar keine andere Wahl, als jeden Tag eben jenem Verkauf ihrer Kraft zuzustimmen. Und im Übrigen auch nur wenig Einfluss darauf, wie hoch der Preis dafür ist.

Arbeitnehmer

Siehe → **Arbeitgeber**.

arbeitssuchend

Keine Frage, es gibt viele Menschen, die eine Arbeit suchen. Beispielsweise, weil sie der Liebe wegen in eine neue Stadt ziehen wollen, oder weil sie sich eine neue Aufgabe wünschen. Das aber ist nicht gemeint, wenn das inzwischen sogenannte → **Jobcenter** unterscheidet zwischen **arbeitssuchend** und arbeitslos. Denn all jene, die sich laut Paragraf 38 Drittes Sozialgesetzbuch nun als **arbeitssuchend** melden müssen, suchen im Zweifel noch gar keine neue Arbeit, sondern sind gerade dabei, ihre alte zu verlieren. Zitat SGB III: »Personen, deren Arbeits- oder Ausbildungsverhältnis endet, sind verpflichtet, sich spätestens drei Monate vor dessen Beendigung persönlich bei der Agentur für Arbeit arbeitsuchend zu melden.« Sie sind also mit an Sicherheit grenzender Wahrscheinlichkeit bald arbeitslos, ob sie nun eine neue Arbeit suchen oder nicht. Sie könnten also auch gefahrlos so genannt werden. Werden sie aber nicht. Denn was wie verbrämendes Bürokratendeutsch klingt, soll die Statistik verfälschen. Wer sich **arbeitssuchend** meldet, taucht in der Arbeitslosenstatistik noch nicht auf, obwohl er es müsste, wenn das Dritte Sozialgesetzbuch wortwörtlich ausgelegt würde. Denn die Arbeitslosigkeit ist vielen der Betroffenen sicher, der Weg dahin wird sprachlich nur ein wenig in die Länge gezogen. Es handelt sich hier also um einen klassischen Euphemismus, eine Schönfärberei. Was noch klarer wird, wenn man sich vergegenwärtigt, dass viele, die tatsächlich arbeitslos sind, selbstverständlich eine Arbeit suchen. Sie dürfen also getrost als **arbeitssuchend** gelten, aber trotzdem nicht so genannt werden. Was alle Arbeitslosen gleich noch herabsetzt. Denn der damit zwischen beiden Zuständen hergestellte Gegensatz legt nahe, dass Arbeitslose eben nicht nach Arbeit suchen, also faul sind.

Asylbewerber

Das Wort unterstellt, dass man sich in Deutschland auf Asyl wie auf einen Arbeitsplatz bewerben muss. Doch wer es bis hierher geschafft hat, der hat bereits Asyl gefunden. Und nicht nur das. Es gibt im Grundgesetz sogar ein Recht auf Asyl. Um dieses muss sich niemand bewerben. Es steht erst einmal jedem zu. Das Kompositum **Asylbewerber** suggeriert jedoch, dass dieses Recht eingeschränkt, beschnitten oder grundlos versagt werden kann, wenn der Bewerber irgendwie nicht genehm ist. Wenn man die gleiche Wortbildung auf andere Rechte anwendet, wird deutlich, wie absurd sie ist. Der »Meinungsfreiheitsbewerber« zum Beispiel klingt inakzeptabel. Daher sollte **Asylbewerber** besser Asylberechtigter oder Asylnehmer heißen. Zumindest aber Asylsuchender sollte verwenden, wer das Wort Asylant vermeiden will, was manchen an Spekulant und Denunziant erinnert. Eigentlich ist *-ant* lediglich eine lateinische Partizipialendung, die aus einem Substantiv ein *Nomen agentis* ableitet und somit die Bezeichnung für jemanden, der etwas tut. Weswegen es diverse unverdächtige Wörter mit dieser Endung gibt wie Laborant, Musikant und Demonstrant – na gut, letztere sind manchem auch verdächtig. Allerdings wurde der Asylant exzessiv von jenen gebraucht, die Menschen dieses Grundrecht nicht gewähren wollen. Weswegen alle anderen glaubten gezwungen zu sein, sich ein neues Wort auszudenken. Statt das alte Wort und das Grundrecht zu verteidigen.

Atomruine

Die **Atomruine** klingt pittoresk, malerisch also, und interessant. Sie klingt wie ein Ort, den Neugierige gern besuchen. Wovon wir allerdings dringend abraten. Denn was wie eine Sehenswürdigkeit daherkommt, ist ein havariertes Atomkraftwerk und somit ein Haufen radioaktiv verseuchter Schrott. Der Begriff ist aber nicht nur schönfärbend, er ist auch falsch. Denn einerseits heißt das vom griechischen *átomos* abgeleitete Wort Atom »das Unteilbare« – es kann also sprachlich gar nicht ruiniert, somit »zu Grunde gerichtet« werden. Andererseits werden mit dem Substantiv Ruine »Reste von Baulichkeiten« bezeichnet, die nicht mehr funktionieren; ein kaputtes Atomkraftwerk ist streng genommen keine Ruine, denn seine »Funktion« büßt es nicht ein, nur weil es explodiert ist, es strahlt ja munter weiter. Zu unseren Lebzeiten wird es daher keine malerischen **Atomruinen** geben, die ein Tourist betreten und erkunden kann. Wohl aber noch viele solcher Euphemismen für diese gefährliche Technik – wie der häufiger in diesem Zusammenhang erwähnte Sarkophag beweist. Der lässt ein reich verziertes Grabmal vermuten, ist dabei aber eine eher hässliche und noch dazu mürbe Betonabdeckung, die tödliche radioaktive Strahlung abschirmen soll.

Aufklärung, brutalstmögliche

Aufklärung ist vor allem durch Vernunft zu erreichen – zumindest war das die Idee des gleichnamigen Zeitalters. Vernunft ist eine menschliche Begabung, sie erfordert Überlegung. Brutal hingegen ist abgeleitet vom lateinischen *brutalis*. Es bedeutet »tierisch« und »unvernünftig«

und bezeichnet rohe, ungerichtete Gewalt, also das genaue Gegenteil von aufklärerischem Handeln. Brutale Aufklärung ist also ein Oxymoron, ein Widerspruch, ein Zusammenzwingen von Begriffen, die sich gegenseitig ausschließen. Wer eine brutalstmögliche Aufklärung verspricht, könnte ebensogut eine hellstmögliche Verdunklung versuchen. Damit nicht genug. Die rohe Gewalt wird hier hyperbolisch gesteigert, also so übertrieben, dass sie den Bereich der Glaubwürdigkeit weit hinter sich lässt. Da will jemand nicht nur mit Gewalt etwas aufklären, sondern mit allster Gewalt. Und das Konstrukt wird sogar noch durch den Pleonasmus, den eigentlich überflüssigen Ausdruck »-möglich« ergänzt. Der den Eindruck verstärkt, dass hier jemand zwar verzweifelt behauptet, irgendetwas erhellen zu wollen, genau das aber gerade nicht zu tun gedenkt. Die Botschaft kam an, wenn auch nicht so, wie der Erfinder des Wortes, immerhin ein Ministerpräsident, es sich erhoffte: Die **brutalstmögliche Aufklärung** wurde zum geflügelten Begriff und zum Synonym für Unglaubwürdigkeit.

Aufstocker

Mit **Aufstocker** werden Menschen bezeichnet, die so wenig verdienen, dass sie offiziell als arm gelten und zusätzlich zu ihrem Lohn Anspruch auf Geld vom Staat in Form des sogenannten Arbeitslosengeldes II haben. Es sind also Arbeitende, die Arbeitslosengeld bekommen. Und das meint beileibe nicht nur Teilzeitbeschäftigte. Mehrere hunderttausend Menschen, die eine volle Stelle haben, werden so schlecht dafür bezahlt, dass sie nicht einmal das sogenannte Existenzminimum erreichen – die Menge an Geld also, die sie vom Staat bekämen, wenn sie gar nichts täten, vulgo Hartz IV. Politisch ist das eine Subventionierung von Hungerlöhnen, vor allem von sogenannter Leiharbeit. Sprachlich ist dieser Irrwitz eine, sagen wir, Ungenauigkeit. Denn der **Aufstocker** klingt aktiv, so als würde derjenige selbst etwas ausbauen oder erhöhen. Tut er aber nicht. Er, beziehungsweise sein Einkommen, muss aufgestockt werden, um das Minimum dessen zu erreichen, was hierzulande als eines Menschen würdig gilt. Natürlich könnten Politiker auch die Unternehmen zwingen, menschenwürdige Löhne zu zahlen. Damit aber tun diese sich irgendwie schwer und denken sich lieber Begriffe wie **Aufstocker** und → **Lohnuntergrenze** aus, um dem Thema aus dem Weg zu gehen.

Augenmaß

Internationale Basiseinheit der Politik, die den Vorgang des Messens und somit Genauigkeit suggeriert. Wenn Politiker vorgeben, etwas mit **Augenmaß** zu beschließen, klingt es, als seien sie besonders gründlich und vorsichtig. Das Gegenteil ist der Fall – in der Politik wie bei der eigentlichen Wortbedeutung: Nur mit den Augen zu messen, ist fahrlässig. Das Auge kann leicht getrogen werden, noch dazu bei großen Mengen oder komplexen Zusammenhängen. Als Grundlage für Politik taugt das **Augenmaß** daher genauso gut wie die Einheiten »aus dem Bauch heraus« oder »Pi mal Daumen mal Fensterkreuz«. Aber ums Messen geht es dabei auch gar nicht. Denn das **Augenmaß** ist in politischen Reden ein Synonym für den Versuch, Unvermeidliches so lange wie möglich aufzuschieben, im Beamtendummdeutsch gerne auch Gremienvorbehalt genannt. Wenn beispielsweise eine Bundeskanzlerin ankündigt, der Atomausstieg müsse mit **Augenmaß** beschlossen werden, heißt das übersetzt so viel wie: »Nachdem mal wieder ein Atomkraftwerk in die Luft geflogen ist, können wir leider nicht mehr ignorieren, dass die Dinger irgendwie riskant sein könnten. Aber so leicht wollen wir uns nicht geschlagen geben.« Denn jemand, der seine Entscheidungen mit dem **Augenmaß** begründet, sagt vor allem, dass er allein »nach eigenem Ermessen« zu handeln gedenkt. Das ist grundsätzlich nicht falsch. Politiker sollen ihr Handeln stets abwägen und sind daher allein ihrem Gewissen verpflichtet. Das bedeutet allerdings nicht, dass sie Fakten ignorieren sollen. Genau dies aber will der Begriff kaschieren. Das **Augenmaß** ist kein objektiv prüfbarer Maßstab. Kein Wähler kann hinterher nachvollziehen, aufgrund welcher Tatsachen eine Entscheidung letztlich gefällt wurde. Was wahrscheinlich die Absicht ist.

Aussterben

Es sagt sich so leicht dahin, dass mal wieder einer Tier- oder Pflanzenart das **Aussterben** droht. Und einst war es durchaus Teil der Evolution, der langsam fortschreitenden Entwicklung der Natur, dass eine Art einfach verschwand, weil sich die Lebensbedingungen veränderten. Heute darf der Ausdruck aber getrost als Euphemismus gelten. Denn das **Aussterben** kennt keinen Verantwortlichen, es geschieht einfach. Inzwischen gibt es allerdings jemanden, der solche Entwicklungen aktiv beeinflusst, der somit im Zweifel verantwortlich ist: der Mensch. Wenn heute eine Art stirbt, dann waren in den meisten Fällen wir Menschen schuld, denn wir haben sie verjagt, verdrängt, vernichtet, aufgegessen, umgebracht oder achtlos verschwendet – mit einem Wort: ausgerottet. Selbst der Artenschutz, der Versuch also, solche Ausrottung zu verhindern, ist nichts weiter als eine Beschönigung. Denn nie steht der Schutz im Vordergrund, immer sind unsere eigenen Interessen im Zweifel wichtiger. Wir seien auch nur Teil der Evolution, sagen Sie, insofern sei das schon in Ordnung? Nein, ist es nicht, denn wir sind die Einzigen, die über die Folgen unseres Tuns nachdenken können. Wenn auch nicht sehr gut. Immerhin vernichten wir nicht nur die Lebensgrundlage anderer Arten, sondern auch unsere eigene.

Ausstieg

Politik ist wie Leben in Zeitlupe, es dauert alles etwas länger. Eine Entscheidung, die wir in Sekunden treffen, kann da problemlos jahrzehntelange Debatten erfordern. Ein **Ausstieg** zum Beispiel. Eigentlich ist »aussteigen« ein terminatives Verb, das heißt, es bezeichnet einen eindeutigen Zeitpunkt. Wenn jemand den Bus verlässt, sagen wir um 15.31 Uhr, dann ist er zu diesem Zeitpunkt auch draußen. Und wenn er kurz vorher sagt, er wolle nun aussteigen, dann meint er eben jenen Moment der Tat. Selbstverständlich kann er lange schwadronieren, an welcher Haltestelle er gedenkt, aus dem Bus auszusteigen. Aber das wirkt schnell albern, solange er dabei nicht stets erwähnt, wann genau das geschehen soll. Allerdings verliert sich in der deutschen Sprache dieser klare Aspekt von Verben, wenn aus ihnen ein Substantiv gebildet wird. Sobald also jemand aus »aussteigen« einen wichtigtuerischen **Ausstieg** macht, darf der sich problemlos hinziehen, nun braucht es keinen eindeutigen Zeitpunkt mehr. Das ist der Grund, warum solche Nominalisierungen in der politischen Sprache so häufig sind und warum Politiker Verben, die nahezu immer eindeutige Handlungen vorgeben, lieber meiden. Vom **Ausstieg** kann man viel reden. Wann der denn nun kommt? Nicht wichtig, es wird ja über ihn geredet. Schnell zu handeln bringt nur eine Schlagzeile, wer dagegen lange über geplante Taten redet, der bekommt immer wieder Aufmerksamkeit.

B

Bad Bank

Englische Wortneuschöpfung, die hierzulande kritiklos übernommen wurde. Bezeichnet eine Institution, einzig zu dem Zweck geschaffen, die Bilanzen aller anderen Banken schönrechnen zu können. Das Prinzip der **Bad Bank** ähnelt dem eines → **Endlagers** für radioaktiven Müll. Damit dieser nicht bei den einzelnen Atomkraftwerken herumliegt, wird er an einem Ort gesammelt und liegt dort herum. So wird vorgegaukelt, das Problem mit dem strahlenden Schrott sei gelöst. Banken nun können ihre wertlos gewordenen Wertpapiere zur **Bad Bank** schaffen und die dadurch entstandenen Verluste in den eigenen Bilanzen streichen. Ein staatlich sanktioniertes System der Bilanzverfälschung also, das mit Steuergeld Fehlinvestitionen belohnt. Gleichzeitig wird der Eindruck erweckt, das einst in die Aktien investierte Geld sei nun weg, und es habe keinen Sinn, es von irgendjemandem, vielleicht sogar von den Banken zurückzufordern. Um davon abzulenken, dass der Begriff »Zeitbombe« wohl angemessener wäre, wurde das Ganze mit der trügerischen Hoffnung verknüpft, die Aktien könnten irgendwann wieder wertvoll werden und sich verkaufen lassen. Wer's glaubt! Aber nicht nur das Konstrukt ist lustig, schon der Name sollte stutzig machen. Denn wenn es eine **Bad Bank** und somit schlechte Bank gibt, müssen alle anderen ja nun gut sein. Eine zumindest zweifelhafte Annahme. Immerhin hat keine von ihnen im Zuge dieses Prozesses angekündigt, fortan gemeinnützig zu arbeiten oder ihren Kunden wenigstens ein paar Schulden zu erlassen.

Bedarfsträger

Wie viele Modebegriffe der Politikersprache kommt auch der **Bedarfsträger** aus der Wirtschaft, in diesem Fall aus dem Teilbereich der Unternehmensorganisation: Er ist dabei die Stelle in einer Firma, die Material oder Dienstleistungen benötigt, also an ihnen einen Bedarf hat. Von dort wanderte der Ausdruck offensichtlich weiter zu staatlichen Einrichtungen, und als er das erst einmal geschafft hatte, ganz selbstverständlich weiter zum Thema → **innere Sicherheit**. Dort ist der Bedarf an Nebelwörtern ja immer groß, schließlich geht es um Dinge, die nicht jeden etwas angehen sollen oder die so unschön sind, dass sie besser nicht klar benannt werden. Der **Bedarfsträger** passt da ganz wunderbar. Wenn Politiker also im Zusammenhang mit → **Maßnahmen** der Überwachung von einem **Bedarfsträger** reden, verschleiern sie zuerst einmal, dass es sich dabei um jemanden handelt, der mit der Überwachung von Bürgern beschäftigt ist und also Bedarf an Überwachungstechnik oder wenigstens an Daten und Informationen hat. Vulgo einen Spitzel. Der Begriff ist aber auch verräterisch, denn er weist darauf hin, dass die Überwacher eine Dienstleistung in Anspruch nehmen müssen: Womöglich, weil sie die Verwanzung von Computern technisch oder gar konzeptionell überfordert.

Bedenken, massivste

Massiv ist vor allem im Zusammenhang mit eben jenen **Bedenken** ein in der Politik häufig genutztes Synonym für stark oder heftig. Durch seine massive Verwendung verliert es allerdings an Expressivität und muss, soll es weiter für

Aufmerksamkeit sorgen, gesteigert werden. Wenn massive **Bedenken** also niemanden mehr schockieren können, dann haben Politiker eben massivste **Bedenken** gegen einen Vorschlag – eine sprachlich unmögliche Steigerung, eine sogenannte Hyperbel. Siehe auch → **Kriminalität, schwerste**. Denn *massiv* stammt vom französischen *massif* ab und bedeutet »dicht, voll«. Ein Gegenstand ist aus massivem Gold, wenn er durch und durch aus diesem Metall besteht. Mehr geht nicht. Trotzdem wird dieser sprachliche Unsinn immer wieder gern von Politikern verwendet, um ihre angeblichen Zweifel an einer Sache zu betonen. Allerdings sind diese Zweifel nie groß genug, als dass die Betreffenden im Parlament gegen den zur Diskussion stehenden Vorschlag stimmen würden. Weswegen sie offensichtlich das Bedürfnis haben, zumindest sprachlich darauf hinzuweisen, dass ihnen die Zustimmung schwer fällt. Umgangssprachlich heißt das Phänomen auch »die Faust in der Tasche«.

begleitet, kritisch

In diesem gequälten Konstrukt werden zwei Ideen zusammengenagelt, die des Begleiters und die des Kritikers. Beide haben nicht viel miteinander gemein. Der Erste ist ein Weggefährte. Er reist ein Stück mit einem, plaudert vielleicht ein wenig dabei und hört zu, nimmt jedoch keinen Einfluss auf den Reisenden und die Route, sondern heißt sie letztlich gut. Der Zweite hingegen geht nicht irgendwohin mit. Er ruft dem Vorbeireisenden vielmehr zu, was er an dessen Tun als störend und als verwerflich empfindet. Und wenn beide zusammenkommen, wenn irgendetwas **kritisch begleitet** wird, was heißt es dann? Im besten

Fall gar nichts. Dann ist es nur ein Synonym für kritisieren, ohne dass sich dadurch etwas ändert. Im schlechtesten Fall hingegen ist es der Versuch, Bürgern zu simulieren, dass sie Einfluss haben und ihre Meinung gehört wird. Denn Demokratie kann ziemlich lästig sein, will man einen Bahnhof, ein Kraftwerk oder ein Gesetz errichten. Da gibt es schnell mal Demonstrationen und Proteste. Wer die verhindern will, kann es mit der leeren Versprechung versuchen, die Betroffenen könnten die Pläne **kritisch begleiten**, gerne auch »konstruktiv-kritisch«, also bitte leise und in Schriftform. Was bedeutet: Man spricht miteinander, unterhält sich über dies und das, aber alles bleibt unverbindlich, und jeder geht letztlich seinen Weg. Ganz im Sinne von DDR-Staatschef Walter Ulbricht, der gesagt haben soll: »Es muss demokratisch aussehen, aber wir müssen alles in der Hand haben.« Siehe auch → **gelenkte Demokratie**.

beispiellos

Warum wird man Politiker? Um etwas gestalten zu können, ist die übliche Antwort. Und vielleicht ist dieser Wunsch der Grund dafür, dass gerade so viele Dinge **beispiellos** sind. Die Staatsschulden, die Geldgeschenke an Banken, die schlecht gewirtschaftet haben, die Lage insgesamt – glaubt man Politikern, sind ziemlich viele Sachen ohne Beispiel. Noch nie dagewesen also. Dabei ist nichts davon wirklich **beispiellos**. Oder aber alles – je nachdem, wie eng man den einzelnen Fall definiert oder wie bereit man ist, Parallelen zu akzeptieren. Letzteres aber ist in der Politik nicht gern gesehen. Historische Vergleiche lassen Politiker schnell wie altbackene Deppen aussehen, denen nichts mehr einfällt. Der Zusatz »wie schon die alten Römer/Griechen/Sumerer sagten«, klingt eben einfach nicht so dramatisch. Außerdem ist es für Politiker heute schon mühsam genug, irgendetwas zu gestalten, da viele Dinge offensichtlich → **alternativlos** sind oder → **parlamentarischen Zwängen** unterliegen. Also braucht es frische Themen, gern auch Neuland genannt. Das betreten Politiker gern. Denn dort finden sich problemlos Rechtfertigungen noch für die absurdesten Forderungen. Denn wenn etwas **beispiellos** ist, dann gibt es keine vergleichbaren Situationen, niemand kann also prüfen, ob die Argumente stimmen. Ein herrlicher Zustand. Zumindest für denjenigen, der Geld ausgeben möchte, das der Staat nicht hat, und der Gesetze fordern will, die die Bürger nicht brauchen.

Berater

Im Mittelhochdeutschen bedeutete das Verb *rathen*, jemanden mit etwas zu versorgen, ihm Fürsorge angedeihen zu lassen, ihn zu schützen. Bis heute hat sich dieser Sinn erhalten: Das Verb *raten* wird immer dann gebraucht, wenn jemand einen Rat erteilt, wenn jemand hilft, ohne etwas dafür zu verlangen. Der **Berater** muss demnach ein recht uneigennütziger Mensch sein, der durch die Lande zieht und Menschen unterstützt, wo er nur kann. Ist er aber nicht. Denn ein **Berater** ist entweder jemand, der für exorbitante Honorare dafür sorgt, dass Firmen mehr Gewinn machen, meistens indem sie Mitarbeiter → **freisetzen**. Oder jemand, der als Versicherungs-**Berater** anderen teure Dinge aufschwatzt, die sie nicht brauchen. In beiden Fällen also ist er eigentlich ein Verkäufer. Die Betreffenden wissen offensichtlich um das schwierige Ansehen ihres Berufes. Warum sonst sollten sie sich immer wieder mit dem Attribut »unabhängig« schmücken? Wobei dieses Adjektiv diejenigen, die eine solche Beratung genießen, nur umso stutziger machen müsste. Denn wer erst explizit darauf hinweisen muss, dass er unabhängig ist, ist es wahrscheinlich gerade nicht. Beraten und verraten haben übrigens den gleichen Wortstamm. Aber das nur nebenbei.

berufsqualifizierend

Wie gut klingt es, wenn ein Studienabschluss **berufsqualifizierend** ist! Leider stimmt es nicht, jedenfalls nicht im Wortsinn, denn ein Studienabschluss wie der Bachelor qualifiziert nicht für einen Beruf, sondern qualifiziert eher allgemein, so dass man danach einen Beruf erlernen kann, für den mehr als nur das Abitur benötigt wird. Treffender wäre also die Bezeichnung »einstellbar«. Und siehe da: **berufsqualifizierend** ist die deutsche Übersetzung für englisch *employable*, was in der Tat nicht mehr und nicht weniger heißt als »einstellbar«. Das englische Wort wird daher auch im Deutschen gern als Ersatz für **berufsqualifizierend** verwendet. Dummerweise ist der Gebrauchskontext und damit die genaue Bedeutung in Großbritannien aber eine andere: Dort wird es nämlich im Bereich von → **Maßnahmen** für Jugendliche verwendet, die eben, weil sie psychisch oder sozial auffällig sind, nicht einstellbar sind. Da sind wir dann wieder weit vom deutschen Hochschulwesen weg, denn bei aller Kritik wird niemand ein Bachelorstudium als psychisch-soziale → **Maßnahme** ansehen.

beschäftigt, geringfügig

Wir sind **beschäftigt**, wenn uns etwas zu schaffen macht, wenn wir mit einer Sache gut zu tun haben, ja wenn wir uns geradezu ausgelastet fühlen. Diese Bedeutung ist auch hier durchaus angestrebt – um zu kaschieren, dass die entsprechende Tätigkeit gerade nicht auslastet. Und so lautet die umgangssprachliche Bezeichnung für diese Art der Arbeit denn auch treffender »Minijob«. Doch ist der Ausdruck noch auf einer anderen Ebene falsch. Denn es ist nicht eine bestimmte Menge an Arbeit gemeint, wie die Bezeichnung nahelegt, sondern eine bestimmte und sehr geringe Menge an Geld. Laut Sozialgesetzbuch liegt eine geringfügige Beschäftigung vor, wenn das »Arbeitsentgelt (...) im Monat 400 Euro nicht übersteigt«. Und zwar unabhängig davon, wie lange der Betroffene dafür schuften muss. Also sind eigentlich jene gemeint, die für ihre Mühen mies bezahlt werden. Was den Begriff nicht nur zum Euphemismus macht, sondern auch unfreiwillig entlarvend: Er rückt damit nämlich in die Nähe der zweiten möglichen Wortbedeutung: Denn für **beschäftigt** gibt es im Deutschen nicht nur eine aktive Verwendung, es kann auch passiv eingesetzt werden: So werden Kinder **beschäftigt**, damit sie sich nicht langweilen. Es geht somit darum, Menschen etwas tun zu lassen, was wie Arbeit aussieht, diese Bezeichnung im Sinne von Beruf aber nicht verdient.

Bierdeckelsteuer

Die **Bierdeckelsteuer** ist keine Steuer, die auf die Verwendung von Bierdeckeln erhoben wird, wie der Name nahelegt. Sie ist vielmehr ein Steuerkonzept, das von gewissen

Politikern gern propagiert, aber nicht einmal im Ansatz realisiert wird. Somit ist die Steuererklärung, die so kurz ist, dass sie auf einen Bierdeckel passt, sprachlich eine Trope, eine rhetorische Figur also, die einen Ausdruck durch einen anderen ersetzt. Gesellschaftlich hingegen ist sie eine Utopie, ein unerfüllbarer Wunschtraum. Womit die **Bierdeckelsteuer** politisch vor allem eine Lüge ist. Was sich allein schon daran zeigt, dass noch keine Regierung und keine Partei auch nur den Versuch gewagt hat, das Steuerrecht zu vereinfachen. Denn so leicht, wie sich mit der Ankündigung Begeisterung bei den durch unverständliche Paragrafen gequälten Wählern wecken lässt, so schwer ist der Plan durchzusetzen. Ganze Wirtschaftsbereiche leben schließlich von den komplexen Regeln, Ausnahmen und Vorteilen. Nur um das Ausmaß des darin verborgenen leeren Versprechens deutlicher zu machen: Die Steuererklärung auf Bierdeckeln einzureichen, wäre nur möglich, wenn solche zuvor zu amtlichen Formularen erhoben worden wären. Das wird aber wohl noch schwieriger zu realisieren sein als die Steuerreform selbst.

Biosprit

Die Vorsilbe *Bio-* ist im Deutschen reihenbildend, es gibt ein ganzes Rudel an stets positiv besetzten Begriffen mit diesem Präfix. Er ist außerdem fast schon ein Synonym für den Ausdruck »aus biologisch-kontrolliertem Anbau«. Wer es schafft, einen für die Umwelt abträglichen und eher schlecht beleumundeten Grundstoff mit dem Vorsatz *Bio-* zu verknüpfen, der beherrscht die Kunst des Neusprechs virtuos. Mit dem **Biosprit** ist der dazugehörenden Industrie genau das gelungen. Denn der **Biosprit** wird garantiert nicht biologisch-kontrolliert angebaut, und seine Inhaltsstoffe werden auch nicht mit Hilfe irgendeines Umweltsiegels überwacht. Es handelt sich schlicht um Benzin, also um Erdöl. Dem wurde lediglich ein geringer Teil Ethanol beigemischt; das ist aus Pflanzen hergestellter Alkohol. Diese Pflanzen übrigens stammen ebenfalls nicht aus »biologisch-kontrolliertem Anbau«. Sie wachsen dank der Verwendung von Dünger, der auch nicht unbedingt der Umwelt zuträglich ist, oder gar auf frisch gerodetem Urwaldboden. Die Umweltbilanz von **Biosprit** ist also alles andere als bio (hier verwendet als prädikatives Adjektiv). Nicht einmal Kohlendioxid spart das teure Agrarbenzin, obwohl genau damit seine Einführung begründet worden war. Das positiv konnotierte Präfix *Bio-* mit Sprit oder Kraftstoff (ein Werbewort für Benzin) zu mischen, heißt: zu lügen.

Bologna-Prozess

Was hier so griffig klingt, ist sprachlich kompletter Murks. Richtig müsste das ganze Ding, das eine Absichtserklärung für bessere Hochschulen sein will, Bologneser Erklärung heißen. Denn erstens werden im Deutschen Städtenamen adjektiviert, wenn sie ein Substantiv qualifizieren. Niemand würde von einem Göttingen-Pamphlet oder einem Berlin-Manifest sprechen, wenn es nicht um Göttingen oder Berlin selbst ginge. Warum man das Adjektiv Bologneser vermeiden wollte, ist rätselhaft. Vielleicht klang es den Beteiligten zu kulinarisch, vielleicht nicht ernsthaft genug? Zweitens aber – und das sagt noch viel mehr über den Quark, der da in Bologna angerührt wurde – denkt man bei einem Prozess zunächst an eine Gerichtsverhandlung. In diesem Fall saß man dann wohl über die Stadt Bologna zu Gericht?

Nein, das kann bestimmt nicht gemeint gewesen sein. Was dann? Das Wort zumindest geht auf das lateinische *procedere* zurück, was »fortschreiten, vorgehen« bedeutet. Neben Gerichtsverhandlungen, die eben auf immer gleiche Art vonstatten gehen, meint das Vorgänge, die – einmal angestoßen – von selbst ablaufen. Und offensichtlich hatten genau das die Bildungspolitiker im Sinn: die anvisierte Reform als unausweichlichen, unumkehrbaren und geradezu natürlichen Prozess darzustellen. Was reichlich vermessen ist angesichts des Chaos, das sie in ihrer Planlosigkeit angerichtet haben. Dank des Etiketts **Bologna-Prozess** aber wirkt es nun, als träfe höchstens die Stadt Bologna die Schuld an dieser Bildungskatastrophe. Das ist schon sehr geschickt, oder?

Brückentechnologie

Synonym für eine meistens gefährliche, mindestens aber umstrittene Technik wie Atomkraftwerke, Verbrennungsmotoren oder Netzsperren. Wer den Begriff verwendet, versucht, eine riskante und von vielen Menschen als bedrohlich wahrgenommene Praxis so darzustellen, als sei sie a) nur für einen kurzen Zeitraum notwendig, als könne sie b) derzeit noch existierende Probleme erfolgreich überbrücken und als diene sie c) letztlich einem höheren Zweck. Denn die Bezeichnung als **Brückentechnologie** macht es möglich, das kritisierte Verfahren in die scheinbar greifbare Nähe von Lösungen rücken, die sehr viel weniger riskant und sehr viel positiver besetzt sind. So lassen sich beispielsweise Atomkraftwerke in einem Satz nennen mit Solar- oder Windkraftanlagen. Was nichts anderes ist als das Wecken derzeit unerfüllbarer Hoffnungen. Denn solange eben diese Atomkraftwerke ihren Betreibern Gewinne in Milliardenhöhe bescheren, sehen die selbstverständlich keinen Grund, warum sie ein aus ihrer Sicht unkalkulierbares finanzielles Risiko eingehen und Geld in die Erforschung neuer Anlagen investieren sollten. Die **Brückentechnologie** ist also eigentlich eine Dauerlösung beziehungsweise ein leeres Versprechen.

Brüter, schneller

Ausdrücke, die einen komplexen Sachverhalt zu vereinfachen suchen, sind selten glücklich gewählt. Der **schnelle Brüter** oder Brutreaktor zum Beispiel brütet nicht und schon gar nicht schnell. Sprachlich ist er eine Enallage, also die Zuordnung eines Adjektivs zu einem Wort, mit dem es inhaltlich nichts zu tun hat. Gemeint ist ein Atomkraftwerk, das nicht primär dazu dient, Energie zu erzeugen. Das tut es auch. Es soll aber vor allem für sich selbst und andere Atomkraftwerke Plutonium produzieren – ist also eine Plutoniumfabrik. Plutonium ist radioaktiv, giftig und taugt als Grundstoff von Atombomben. Und es braucht zur Kühlung des Ganzen flüssiges Natrium. Der Stoff hat den Nachteil, dass er reichlich hektisch reagiert, wenn er mit Luft oder Wasser in Berührung kommt. Was den Reaktor insgesamt zu einer gigantischen Bombe machen kann. Das Adjektiv »schnell« nun bezieht sich nicht auf das Brüten oder auf die Geschwindigkeit, in der er im Zweifel hochgeht, sondern auf die Neutronen. Normalerweise werden die bei der Kernspaltung freigesetzten Neutronen zum Beispiel durch Wasser gebremst, wobei sie Energie in Form von Wärme abgeben. Im **schnellen Brüter** ist dieser Bremseffekt nicht erwünscht, die Neutronen sollen in andere Atomkerne einschlagen und das umgebende Uran in Plutonium umwandeln. Das alles führt dazu, dass ein **schneller Brüter** schwerer zu kontrollieren ist als ein normaler Reaktor. Hatten wir schon erwähnt, dass ein **schneller Brüter** schneller als ein AKW vom Normalzustand der Gerade-Noch-Steuerbarkeit (interessanterweise »kritisch« genannt) in den der Unsteuerbarkeit (»prompt überkritisch«) übergeht? Die Bezeichnung **schneller Brüter** also, die eher an die Aufzucht puscheliger Küken denken lässt, ist mindestens unpassend. Oder, um Mr. Burns aus den »Simpsons« zu zitieren: »Oh, ›meltdown‹. It's one of those annoying ›buzzwords‹. We prefer to call it an unrequested fission surplus.« Das ist Satire, aber abwegig ist sie nicht. Denn hier wird durch Sprachschöpfungen vertuscht, dass es die wohl gefährlichste Technik ist, der sich Menschen derzeit so bedienen.

C

Content

Content ist ein Wichtigtuerwort. Verlags- und Werbemenschen fuchteln damit herum, wenn sie die Dinge meinen, die in Konzerten gespielt, im Fernsehen gezeigt, in Zeitungen gedruckt oder im Internet veröffentlicht werden. *Texte* klingt aber auch langweilig, nicht so cool wie **Content**. Englisch schließlich ist hierzulande längst Zweitsprache. Das führt gelegentlich zu skurrilen Erfindungen wie dem Rückenladen aka *Back-Shop* und dem *WC-Center*, also der Pinkelzentrale, so etwas wird aber als schick empfunden. So erfolgreich waren die Werbemenschen, dass der **Content** sich bald eine ganze Branche eroberte. Doch geht es nicht nur um Wichtigtuerei. In dem Bemühen, sich durch den Anschein harter Arbeit aufzuwerten, beschreiben sich Sender und Verlage gern als Contentindustrie, siehe auch → **Finanzindustrie**. Das hat den Vorteil, dass niemand mehr an die Autoren denkt, die sich all die Texte, Bilder und Töne ausgedacht haben und denen ihre Verwertungsrechte abgepresst wurden. Der **Content** ist weit von ihnen entfernt und lässt sich damit viel unbeschwerter vermarkten. Wie der Autor und Blogger Sascha Lobo twitterte: »Inhalte nennt man in Deutschland immer dann ›Content‹, wenn jemand damit Geld verdienen will.« Womit das unscheinbare englische Wort für »Inhalt« langsam zum Euphemismus wird. Denn diese »Industrie« produziert keine Musik, keine Bilder und keine Texte. Sie verwertet sie lediglich beziehungsweise die damit verbundenen Rechte der Urheber.

Kritiker werfen den Firmen deswegen vor, das Wort **Content** beschreibe ihren Umgang mit der Arbeit vieler kreativer Menschen nur allzu gut, und bezeichnen sie daher als »Contentmafia«. Natürlich ist die »Mafia« in diesem Zusammenhang genauso unsinnig wie die »Industrie«. Es zeigt jedoch: Aus dem einstigen Deppenbegriff ist eine Kampfvokabel geworden. Das war nur möglich, weil der Ausdruck, der ja für Inhalt steht, ironischerweise so inhaltsarm ist, dass er überallhin passt.

Cyberabwehrzentrum

Quizfrage: Was wehrt ein **Cyberabwehrzentrum** ab? Einen Cybernauten? Die Kybernetik an sich? Oder gleich das ganze Internet? Wir wissen es nicht. Ursprünglich war *cyber* ein altgriechisches Präfix und hieß »Steuerung«, später wurde es zum Modewort für alles, was mit dem Internet zu tun hat. Doch das damit gebaute Neuwort verwirrt in erster Linie. Beunruhigenderweise scheinen sich auch die Erfinder über seine Bedeutung nicht ganz sicher zu sein. Bei der Eröffnung hieß es, das Ding solle »Schutz- und Abwehrmaßnahmen gegen IT-Vorfälle« besser koordinieren. IT-Vorfälle? Also alles, von der defekten Festplatte im Innenministerium bis zum Cyberwar? Das mag jetzt kleinkariert klingen, aber dieser nebelige Name ist ein Problem. Ein Zentrum, das für den Schutz des gesamten (deutschen?) Internets vor was auch immer zuständig ist, kann alles sein: eine Außenstelle der IT-Abteilung des Bundestages genauso wie eine allumfassende Überwachungszentrale. Verschwörungstheorie? Gut möglich. Vielleicht ist es wirklich ein Zufall, dass dieses Zentrum zum Bundesamt für Sicherheit in der Informationstechnik gehört, einer Ausgliederung des Bundesnachrichtendienstes (BND). Und dass es in direkter Nähe des BND arbeitet. Der wohl nicht ohne Absicht militärisch klingende Name lässt zumindest einen Allmachtsanspruch befürchten. Und natürlich zeigt sich in ihm auch eine Haltung. Denn die Politik sah sich nicht berufen, ein Cyber-Zentrum zu gründen, um die Möglichkeiten des Internets zu erforschen und zu fördern. Sie hat lieber ein **Cyberabwehrzentrum** geschaffen. Ach, Deutschland!

D

(nicht) darstellbar

Sprachliche Protzerei, die auch als Höflichkeit missverstanden werden kann. Eigentlich heißt **darstellbar**, Dinge sichtbar zu machen, sie jemandem vor die Augen zu bringen, beziehungsweise hier, dies gerade nicht zu können. Gemeint ist »nein«. Allerdings sagen Politiker dieses Wort nicht gern, es klingt so absolut und wirkt, als hätte der Betreffende keinen Handlungsspielraum. Wohingegen der Satz, die »Rentenerhöhung sei derzeit finanziell **nicht darstellbar**«, die Hoffnung lässt, dass in irgendeiner Zukunft genug Geld vorhanden sein könnte, um höhere Renten zu zahlen. Genau dieser Hang, niemanden enttäuschen zu wollen und aus Angst davor, unbeliebt zu sein, vage Hoffnungen zu wecken, ist die Ursache für solchen sprachlichen Müll. Siehe auch → **ergebnisoffen**. Gleichzeitig verschleiert die Passivkonstruktion erfolgreich die handelnden Personen. Denn nicht sie sind in dieser Formulierung schuld daran, dass es keine Rentenerhöhung gibt, sondern eine nicht näher genannte höhere Macht, die diesen Segen aus nicht näher bezeichneten Gründen verhindert. Aus Sicht der handelnden Personen, aka Politiker, ist das ein schöner Nebeneffekt.

Datenautobahn

Veraltend, soll Nichtmitgliedern der → **Internetcommunity** das Internet erläutern. Verwendet dazu ein sprachliches

Bild (Metapher), das eine bestimmte Eigenschaft umschreibt, hier den schnellen Austausch von Daten. Knüpft dafür an Bekanntes an und will so die Angst vor dem Neuen nehmen. Wie viele Metaphern ist auch die **Datenautobahn** mindestens ungenau. Denn wäre das Internet tatsächlich eine solche, hieße es, dass sich Daten zwischen zwei Punkten nur auf festgelegten Spuren bewegen könnten, was nicht der Fall ist. Dennoch entwickelte sich die **Datenautobahn** in den neunziger Jahren zur wohl beliebtesten politischen Vokabel im Zusammenhang mit dem Internet und war Ursprung einer ganzen Metaphernfamilie. Politiker forderten unter anderem »Verkehrsregeln« für das Netz, verlangten das Aufstellen von »Leitplanken« oder gar das Errichten von »Stoppschildern«. An letzteren zeigt sich gut, wie problematisch solche Bilder sind. Nicht ohne Grund gibt es auf Autobahnen eher selten Stoppschilder, sie würden dort bestenfalls Verwirrung stiften, schlimmstenfalls aber für lebensgefährliches Chaos sorgen. Der Verwendung schräger Metaphern im Zusammenhang mit dem Internet tat das keinen Abbruch. Die **Datenautobahn** fand 1996 auf dem Höhepunkt sogar mit einem Schlager Eingang in die Populärkultur. Die »Euro Cats« sangen so schlecht wie falsch: »Surfen, surfen, Tag und Nacht – auf der Datenautobahn«. Und auch wenn der Begriff glücklicherweise langsam ausstirbt, ist der Vergleich des Internets mit dem Straßenverkehr weiter populär. Autos, so gefährlich sie sein mögen, haben wir offensichtlich als Teil unseres Alltags akzeptiert, das Netz noch nicht.

Demokratie, gelenkte

Demokratie bedeutet auf Griechisch »Herrschaft des Volkes«, ihre Grundidee lässt sich zusammenfassen mit dem Prinzip, dass alle Macht vom Volke ausgeht. Somit ist eine **gelenkte Demokratie** ein Oxymoron, ein Widerspruch. Denn niemand kann eine Demokratie lenken. Oder anders ausgedrückt: Eine **gelenkte Demokratie** ist eben keine mehr, sondern die Herrschaft eines Demagogen, also eines »Volkslenkers«. Im Zusammenhang mit Demagogie taucht der Begriff denn auch im Werk von Edward Bernays auf, der mit seinem Buch über Werbung namens »Propaganda« als Neusprech-Stammvater gelten kann. Er beschreibt darin, wie die öffentliche Meinung durch Sprache und geschickte Public Relations beeinflusst, also gelenkt werden kann. Wir wissen nicht, ob russische und andere Staatenlenker dieses Buch gelesen haben. Zumindest aber nutzen sie den Begriff. In Wladimir Putins Russland wird dabei nicht nur sprachlich gelenkt, sondern von der Exekutive auch ganz konkret in die politische Willensbildung eingegriffen. Und somit bewiesen, dass der Versuch, eine Demokratie zu lenken, beziehungsweise zu »verwalten«, wie das russische **управляемая демократия** übersetzt werden kann, der beste Weg in die Diktatur ist.

Denkverbote

Die **Denkverbote** sind so etwas wie der Präventivschlag der politischen Kommunikation. Zur Erhöhung der Geschossenergie werden sie nur in der Mehrzahl eingesetzt, es handelt sich also um ein Pluraletantum. Meist verwendet in der Konstruktion »darf man sich nicht auferlegen« und immer als Begründung unseriöser bis gefährlicher Forderungen, beispielsweise nach → **gezielten Tötungen**. In dem Wissen, soeben etwas Provozierendes oder gar grob Fahrlässiges gesagt zu haben, werden die sich folgerichtig einstellenden Kritiker prophylaktisch mit der Unterstellung angegriffen, sie wollten dem Provokateur das Denken verbieten. Das aber hat niemand vor. Getreu dem Hoffmann von Fallersleben'schen Volkslied gilt uneingeschränkt: »Kein Mensch kann sie wissen / kein Jäger erschießen / mit Pulver und Blei: / Die Gedanken sind frei!« Ums Denken geht es auch gar nicht, sondern darum, dass nicht jeder Gedanke auch unbedingt öffentlich geäußert werden sollte. Wer sich in der Öffentlichkeit bewegt, hat eine Verantwortung für eben das, was er sagt. Denn Worte können zu schlimmen Taten anstacheln. Deswegen ist es zwar durchaus erlaubt, über das Erschießen von Menschen ohne Prozess und Urteil nachzudenken. Das politische Schwadronieren darüber aber gilt zu Recht bereits als ungehörig. Vgl. auch: »Das wird man ja wohl noch sagen dürfen.« Dürfen vielleicht, man sollte es aber nicht.

depublizieren

Verschämte Umschreibung der Tatsache, dass öffentlich-rechtliche Sender durch den Rundfunkstaatsvertrag gesetzlich gezwungen sind, Inhalte nach kurzer Zeit wieder aus ihrem Internetangebot verschwinden zu lassen. Zum Verständnis: Es handelt sich dabei um Texte, Bilder und Filme, die die öffentlich-rechtlichen Sender in Erfüllung ihres gesetzlichen Bildungsauftrages mit viel Geld produziert haben. Trotzdem müssen sie der Öffentlichkeit im Zweifel schon nach wenigen Tagen wieder weggenommen werden, damit private Anbieter ihre möglicherweise gar qualitativ schlechteren Texte und Filme besser verkaufen können. Wie verquer diese Idee ist, zeigt sich bereits an der Wortschöpfung. Zwar gibt es mit dem Privaten und dem Geheimen einen Gegensatz zur öffentlichen Sphäre. Wir kennen allerdings keine sprachliche Möglichkeit, Dinge, die einmal der Allgemeinheit bekannt geworden sind, wieder zu tilgen. Genau aus diesem Grund gibt es die sogenannte Gegendarstellung: Da etwas nicht ungelesen und ungesehen gemacht werden kann, soll auch die Gegenposition Aufmerksamkeit bekommen. Ein »entöffentlichen« war bislang im Deutschen nicht vorgesehen. Trotzdem wird es mit dem **Depublizieren** nun eingeführt. Die Neuprägung suggeriert vor allem, dass die mit den Gebühren aller finanzierte Information und Bildung der Bürger offensichtlich nur ein vorübergehend geduldetes Übel ist. Dabei könnte das **Depublizieren** gar als Diebstahl an der Gesellschaft begriffen werden. Immerhin hat die Gesellschaft für die Inhalte bezahlt, also sollte sie sie auch nutzen dürfen.

differenziert (betrachten)

Die Psychologie kennt zwei Wege, um von jemandem etwas zu erfahren. Einerseits offene Fragen, die als Antwort lange Sätze und ausführliche Erläuterungen erlauben. Andererseits geschlossene Fragen, die nur kurze, eindeutige Antworten zulassen und meist erzwingen, sich auf Aussagen wie Ja oder Nein festzulegen. Politiker ziehen eindeutig die offenen Fragen vor und meiden die geschlossenen. Denn wer sich festlegt, läuft Gefahr, später an seinen Aussagen gemessen zu werden. Außerdem bekommt er mit einem kurzen Nein weniger Redezeit und damit weniger

Aufmerksamkeit. Als Fluchtstrategie aus diesem Dilemma entwickelten findige Volksvertreter daher den beherzten Aufruf, die ihnen soeben gestellte Frage müsse man »unbedingt **differenziert betrachten**«. Das hat gleich mehrere Vorteile: Wer etwas **differenziert betrachtet**, erhebt sich über jene, die das Problem eben nicht so differenziert sehen. Er gibt sich damit den Anschein eines → **Experten**. Außerdem deutet er an, dass eine kurze Antwort der Komplexität des Problems nicht gerecht wird, dass es also notwendig ist, ganz viel darüber zu sagen. Das lässt den Sprecher wichtiger erscheinen und gleichzeitig seine langatmige und nichtssagende Antwort nicht so nichtssagend klingen. Eigentlich aber beweist der Ausdruck nur, dass der Sprecher der Sprache nicht wirklich mächtig ist. Denn Dinge zu differenzieren heißt, sie voneinander zu unterscheiden. So kann man zwar schwarz von weiß differenzieren, nicht aber die Farbe Schwarz **differenziert betrachten**. Die Floskel hat sich denn auch längst abgenutzt und deutet vor allem darauf hin, dass nach ihr ein beherztes »Vielleicht« folgt, beziehungsweise Geschwafel.

Eckpunkte

Aufgabe der Politik ist es, Lösungen für gesellschaftliche Probleme zu erarbeiten, um Staat und Gesellschaft weiterzuentwickeln. Das ist umso mühsamer, je komplexer die Probleme sind. Daher erfreut sich eine politische Handlung stets großer Beliebtheit: das Vorlegen von **Eckpunkten**. Die **Eckpunkte** treten dabei grundsätzlich im Plural auf, es handelt sich also um ein Pluraletantum, wie es sprachwissenschaftlich heißt. Möglicherweise, weil ein einzelner Punkt in einer Ecke albern aussähe. Wahrscheinlicher aber, weil die entsprechenden Dampfplauderer, wenn sie schon keinen detaillierten Plan zur Lösung eines Problems haben, wenigstens ein wenig Brimborium abliefern wollen. Denn nichts anderes sind die **Eckpunkte**: Minimalforderungen, die Handeln simulieren, die eigene Position jedoch höchstens skizzieren. So wie die Holzpflöcke, die auf einem sonst unberührten Stück Land anzeigen, welchen Grundriss das geplante Haus einmal haben wird, sollte es je fertig werden. Mit einem politischen Konzept haben die so gern zitierten Stichpunkte so viel gemein wie diese Holzpflöcke mit einem Bauplan. Denn die **Eckpunkte** verzichten grundsätzlich auf die notwendigen Details und versuchen, schwierige Fragen so uneindeutig wie möglich zu beantworten. Leider verstärken viele Medien dieses rudimentäre politische Handeln noch, indem sie ihrerseits nur rudimentär über die Ursachen der Probleme und die politischen und wirtschaftlichen Zusammenhänge berichten. Wer also lediglich **Eckpunkte** vorlegt statt eines politischen Bauplans, hat gute Chancen, damit durchzukommen und dabei auch noch gut auszusehen.

Eigentum, geistiges

Der Ausdruck kommt so plausibel daher, dabei ist er eine Propagandavokabel, die keinen Sinn hat und lediglich Assoziationen wecken soll. Denn die Idee des **Eigentums** funktioniert bei Ideen nicht, ja sie ist sogar kontraproduktiv. Ungenutztes Gold mag einen Wert darstellen, wenn es im Tresor liegt, weil es in diesem Moment niemand anderer haben kann, ungenutzte Ideen hingegen nicht. Ein anderer kann sie genauso haben beziehungsweise auf den gleichen Gedanken kommen, egal wie gut die Idee eingeschlossen ist. Wie Hoffmann von Fallersleben schon dichtete: »Die Gedanken sind frei.« Das ist der große Nachteil von Dingen, die sich nicht anfassen lassen. Zumindest aus Sicht derer, die trotzdem gern allein über sie herrschen und Profit aus ihnen schlagen wollen. Dabei ist diese »Gedankenfreiheit« eigentlich ein Vorteil. Denn wer eine Idee mit anderen teilt, der vervielfältigt sie zum Nutzen aller. Und je freier ihre Nutzung geregelt ist, desto mehr Menschen können davon profitieren. Genau darin liegt der Witz und der eigentliche Gewinn solcher nichtmateriellen Güter. Wer hingegen versucht, Ideen wie **Eigentum** einzusperren, beziehungsweise ihre Verbreitung zu verhindern, und allein darum geht es bei dem Begriff, der enthält damit der Gesellschaft etwas vor. Und er läuft im Zweifel Gefahr, eine Zensur zu installieren. Ein hoher Preis dafür, dass nur einer etwas davon hat.

Einstiegslohn

Ob es irgendwo in einem Bunker in der Eifel einen geheimen Wortplanungsrat gibt, der monatlich tagt, um sich neue Werbebegriffe für allzu frustrierende wirtschaftliche Zusammenhänge auszudenken? Manchmal könnte einem der Gedanke kommen. Zum Beispiel beim Mindestlohn. Für den gibt es inzwischen diverse schönfärbende Umschreibungen, → **Lohnuntergrenze** etwa, oder → **Niedriglohngrenze**. Der **Einstiegslohn** gehört dabei zu den perfideren Euphemismen. Denn er möchte unterjubeln, dass die schlechte Bezahlung von Millionen von Menschen lediglich eine Art Anfangsgehalt sei, dass sie also durchaus auf eine Steigerung hoffen dürften, wenn sie denn nur hart genug arbeiteten. Doch es geht beim **Einstiegslohn** nicht um das Gehalt von Berufsanfängern. Es geht darum, per Gesetz festzulegen, dass Altenpfleger oder Friseure ein Mindestmaß an Geld für ihre Arbeit zu bekommen haben. Politisch müsste das eigentlich ein ehrenvolles Projekt sein, denn anschließend dürfte es einer Menge Menschen besser gehen. Trotzdem erfinden Politiker immer neue Wörter, um das Vorhaben nicht beim Namen zu nennen. Beziehungsweise Lobbyisten aus der Wirtschaft. Und Politiker plappern sie nach. Was viel darüber sagt, für wen sie Politik machen. Den **Einstiegslohn** übrigens hat sich die Initiative »Neue Soziale Marktwirtschaft« einfallen lassen, ein Lobbyverein, der nur vorgibt, sozial zu sein. Schließlich gibt er sich alle Mühe, den Abbau sozialer Errungenschaften zu fordern und zu verteidigen.

Einzelfälle, bedauerliche

Der Plural ist tückisch, er kann dazu führen, dass Wörter eine völlig neue Bedeutung bekommen, wie unter anderem die → **parlamentarischen Zwänge** zeigen, die eben keinen Zwang darstellen. Ein Einzelfall nun ist per definitionem ein singuläres Ereignis und sollte damit auch als Wort bevorzugt im Singular auftreten. Trotzdem wird er von Politikern gern in den Plural gezwungen. Und zwar immer dann, wenn sie verschleiern wollen, dass ein Ereignis durchaus häufig, ja sogar regelmäßig eintritt und eben nicht einzigartig ist, wie die **Einzelfälle** suggerieren sollen. Wer zum Beispiel behauptet, Probleme bei der Stromerzeugung mithilfe von Uran seien **bedauerliche Einzelfälle**, der lügt. Die Technik ist so riskant und so schwer beherrschbar, dass Katastrophen dabei geradezu gesetzmäßig sind. Siehe auch → **Brüter, schneller**. Diese rhetorischen Abschwächungen auch noch mit dem Adjektiv »bedauerlich« zu ergänzen, entlarvt die Jämmerlichkeit des Unterfangens. Denn es impliziert, dass der Einzelfall zwar tragisch, aber gleichzeitig unvermeidlich war, damit also wahrscheinlich eine systemische Ursache hat. Und es legt nahe, dass der Betreffende sich leider nicht in der Lage sieht, diesen Fehler im System zu beheben. Obwohl es als → **Entscheider** im Zweifel seine Aufgabe wäre.

(Rundfunk-) Empfangsgerät, neuartiges

Hilflose Umschreibung für Computer mit Internetanschluss oder für »internetfähige« Mobiltelefone. Neuartig ist an beiden gar nichts. Es sei denn, man befindet sich geistig auf dem Stand der neunzehnhundertfünfziger Jahre und hält alles, was keine Elektronenröhren braucht, für Teufelszeug; beziehungsweise versucht, mit den Instrumenten jener Zeit, wie der bald → **Rundfunkservicezentrale** genannten GEZ, moderne Kommunikationskanäle zu erfassen und sich dadurch neue Pfründe zu sichern. Wie gut oder eher schlecht das funktioniert, zeigt der verkrampfte Definitionsversuch: Denn Rundfunk empfangen solche Geräte in der Regel gar nicht, sie tauschen vielmehr in einem Netzwerk Daten aus. In diesem Netzwerk ist jeder Empfänger gleichzeitig auch ein Sender, was die Sache nicht leichter macht. Denn nur weil inzwischen auch öffentlich-rechtliche Medien Teil dieses Netzes sind, werden noch lange nicht jeder Computer und jedes Telefon zu einem **Empfangsgerät**, aber das ist den Erfindern der Definition egal. Theoretisch wären sie zum Empfang in der Lage, das genügt. So etwas kann man machen, es wirkt aber wie Abzocke. Vielleicht um diesen Eindruck zu vermeiden, wird das ganze System geändert. Weg von Endgerät und Rundfunkgebühr, hin zum → **Endkunden** und zum Rundfunkbeitrag. Der damit freiwilliger klingt, als er ist. Aber das ist eine andere Geschichte.

Endkunde

Auch Endverbraucher oder Endnutzer genannt. Soll diejenigen, die ein Produkt erwerben, um es dann auch tatsächlich zu verwenden, von denen unterscheiden, die es gleich weiterverkaufen. Allerdings gab es diese Trennung schon, als der **Endkunde** noch ein schlichter Kunde war. Damals hießen alle anderen eben Händler. Das Gerede vom **Endkunden** ist nicht nur sprachliche Prahlerei. Es spiegelt sich darin auch eine Haltung wider, indem das semantisch eigentlich überflüssige (pleonastische) präfigierte *End-*

dem Konsumenten oder Verbraucher seinen Platz in der Hackordnung zeigt: ganz hinten, ganz unten, am Ende. In der Nahrungskette der Natur stehen jene an letzter Stelle, die keine Feinde mehr haben und die von niemandem gefressen werden. Möglicherweise soll die Bezeichnung **Endkunde** genau diese mächtige Position andeuten. Aber das ist nur Werbung. Denn in der Wirtschaft funktioniert das etwas anders. Dort ist der **Endkunde** zwar das letzte, aber auch das schwächste Glied der Kette. Einfluss und Macht hat er nur, wenn er sich mit vielen anderen verbündet, was mühsam ist und selten. Tut er das nicht, ist er hilflos und großen Unternehmen ausgeliefert. Manchmal ist er dabei sogar selbst das Produkt, das verkauft wird. Im Synonym Endnutzer wird das noch deutlicher. Denn der besitzt eine Ware gar nicht mehr, er darf sie nur noch nutzen. Er ist also nicht mehr Kunde, sondern lediglich Mieter.

Endlager

Vorsicht, hier wird Hoffnung verkauft, hier werden einfache Lösungen vorgegaukelt und das nicht zu knapp. Das **Endlager** nämlich ist ein ähnlich verheißungsvolles und unerfüllbares Versprechen wie jenes, das die Bibel mit dem Himmelreich macht: ein Ort, an dem man aller Probleme ledig sei. Endgültig steckt darin und Ende. Kein Hinweis dagegen auf Risiken und Gefahren. Dabei geht es um eine atomare Müllkippe. Die auch noch nicht einmal endgültig sein soll. Insofern ist das **Endlager** nicht nur ein Heilsversprechen, also eine Zwecklüge, sondern auch eine Contradictio in adiecto, ein Widerspruch in sich also, beziehungsweise ein Oxymoron. Denn das strahlende Zeug – soweit ist die Einsicht bereits – lässt sich wohl nirgends so verklappen, dass es tatsächlich auf ewig keinen Schaden anrichtet. Egal wo, egal wie tief, Wasser, Verschiebungen in der Erde oder die Radioaktivität selbst können dazu führen, dass die Brühe irgendwo wieder auftaucht. Also will man den Atommüll auch wieder ausbuddeln können, vorsichtshalber. Und wohl auch in der Annahme, dass der gern sogenannte Kernbrennstoff irgendwann knapp und damit teuer wird und man ihn ja auch in eine »Wiederaufbereitungsanlage« schaffen könnte. Die sogenannte rückholbare **Endlagerung** aber macht dann auch dem Letzten klar, dass hier überhaupt nichts endgültig ist und dass es nur darum geht, uns zu beruhigen, damit wir keine lästigen Fragen stellen.

Engpass

In der DDR, deren Planwirtschaft vor allem eine Mangelwirtschaft war, fehlte dauernd irgendetwas. Da die Regierung gleichzeitig vorgab, mit dem Sozialismus die bessere der bekannten Welten zu errichten, mussten wenigstens neue Worte für die altbekannten Probleme her, wenn es schon keine neuen Produkte gab. So entstand auch der **Engpass**. Er hat die schöne Eigenschaft, dass er nur ein kurzes, enges Teilstück eines sehr viel längeren und breiteren Weges bezeichnet und also vorgibt, bald wieder vorbei zu sein. Der Mangel hingegen kennt keine Beschränkung, er kann ewig dauern. Womit er natürlich heftig auf die Stimmung drückt. Wohl dank dieser aufhellenden Eigenschaft wurde der **Engpass** aus der DDR in den gesamtdeutschen Sprachgebrauch exportiert. Er wird dort bis heute geführt, um zu vertuschen, dass mal wieder etwas fehlt – wobei es heute allerdings meistens Geld ist und eher selten Briketts. Ein Vorschlag von uns dazu: Sollte der **Engpass** eines

Tages seine beschönigende Kraft verlieren, könnte noch ein weiteres Wort aus dem DDR-Sprech reaktiviert werden: die Bedarfslücke. Denn dass der **Engpass** sich langsam abnutzt, zeigt sich daran, dass er manchmal schon als vorübergehender oder auch temporärer **Engpass** verstärkt wird. Was nicht nur ein Euphemismus ist, sondern auch noch eine Tautologie.

Entscheider

Wichtigtuerisch für jemanden, der irgendetwas entscheidet, beziehungsweise für jemanden, der, wie es inzwischen sogar albernerweise heißt, »Entscheide trifft«. Letztlich erledigen wir das alle jeden Tag tausende Male, und das ist das Problem: Dinge, die jeder macht, erscheinen uns zu Recht als banal. Wer so etwas zu seinem Beruf erklärt, will sich natürlich von Hinz und Kunz abheben, um zu rechtfertigen, dass er ein hohes Gehalt dafür bekommt. Sprachlich handelt es sich dabei um ein sogenanntes Nomen agentis, eine Personenbezeichnung, die von einem Verb oder einem Substantiv abgeleitet ist. Bei alltäglichen Verben wie laufen, schreiben, lesen oder eben entscheiden fällt uns schnell die offensichtliche Prahlerei auf, die sich darin verbirgt. Weswegen entsprechende Berufsgruppen sich lieber als Sprinter, Autoren oder Vorleser bezeichnen, um das Alltägliche, das in ihrer Arbeit steckt, zu kaschieren. Der **Entscheider** hat dieses Problem auch, sonst gäbe es nicht inzwischen die Steigerung zum Profi-**Entscheider**, der sich offenbar noch viel besser zwischen A und B entscheiden kann als der normale **Entscheider**. Das ist nicht nur ein unbeholfener Aufwertungsversuch. Mit dem Aufkommen der **Entscheider** nämlich ist eine andere

Arbeitsbeschreibung gänzlich verschwunden: die des Verantwortlichen. Der **Entscheider** trägt die Verantwortung für seine »Entscheide« nicht mehr im Namen, wir vermuten mit Absicht.

Entsorgungspark

Müll ist ein schmutziges Geschäft. Sprache auch. Immerhin wird mit ihr gern mal versucht, dreckige Dinge sauber aussehen zu lassen. Der **Entsorgungspark** kann dafür getrost als Beispiel dienen. Wer etwas entsorgt, der will sich einer Sorge entledigen. Somit ist der **Entsorgungspark** schon einmal das Versprechen, man könne dort ein Problem für immer loswerden. Selbstverständlich wird dieses Versprechen nicht gehalten, eine vollständige Beseitigung von Müll ist kaum möglich, irgendetwas bleibt immer übrig, sei es im Meer schwimmendes Plastik, auf Halden herumliegende Schlacke oder in der Luft wabernder Rauch. Gleichzeitig suggeriert der Begriff Park eine friedvolle und blühende Landschaft, in der gefahrlos gewandelt werden kann. Angesichts übel riechender Container und lärmender Schrottpressen eine interessante Sichtweise. Geht es um Worte, ist die stinkende Branche gerne mal blumig. Vgl. auch den synonym verwendeten »Wertstoffhof«. Das schöne alte Wort »Müllkippe« trifft es da immer noch besser, auch wenn heutzutage nicht mehr viel irgendwohin gekippt wird. Merke: Wer einen Müllplatz **Entsorgungspark** nennt, dem sollte misstraut werden. Derjenige will offensichtlich lieber nicht sagen, worum es sich handelt und was in seinem »Lustgarten« so alles verklappt wird.

ePass

Kurzform für eine im Jahr 2005 eingeführte Version des Reisepasses; das »e« steht dabei für elektronisch wie in E-Mail und bezieht sich wahrscheinlich auf den in der Passhülle eingeklebten sogenannten RFID-Chip. Auf dem Chip, der auch über Entfernungen von mehreren Metern ausgelesen werden kann, sind verschiedene biometrische Merkmale des Passinhabers gespeichert, derzeit die Fingerabdrücke der Zeigefinger und ein Porträtfoto. Eine Erweiterung um weitere Erkennungsmerkmale wie das Irismuster der Augen oder den genetischen Code sind denkbar und technisch kein Problem. Warum die Kurzform als offizielle Bezeichnung dient, ist nicht klar. Möglicherweise soll es modern klingen. Unter Umständen bezieht es sich aber auch darauf, dass die gespeicherten Informationen maschinenlesbar sind und eine sofortige Verknüpfung mit verschiedenen elektronischen Datenbanken erlauben und so sehr schnell sehr viel über den Inhaber verraten. Angesichts dessen müsste das Dokument eigentlich Überwachungspass heißen, somit Ü-Pass. Verteidigt wurde seine Einführung im Übrigen mit dem Argument, er bringe ein »Höchstmaß an Fälschungssicherheit«. Die übertriebene Steigerung des Begriffes deutet darauf hin, dass Passfälschungen in Deutschland auch zuvor schon sehr selten waren. Und tatsächlich, zwischen 2001 und 2006 wurden nur sechs komplett gefälschte Pässe entdeckt.

Ereignis

Es gibt Wörter, die besagen gar nichts, die haben praktisch keinen Inhalt. Ihre Intension ist gering, heißt es dann in der

Linguistik. Für Politiker sind diese Wörter so etwas wie der Hauptgewinn. Denn sie passen immer und überall und lassen sich problemlos zu beeindruckend klingenden Sätzen zusammenschrauben, die dann zwar genauso wenig aussagen, aber toll klingen. Und machen wir uns nichts vor, genau das ist das Ziel vieler politischer Reden. Warum sonst werden diese sogenannten Passepartoutwörter so gern eingesetzt? Sie haben, sagt der Linguist dazu, eine besonders hohe Extension. Nun verhalten sich Bedeutungsinhalt (Intension) und Verwendungsbreite (Extension) zueinander umgekehrt proportional. Was auch bedeutet, dass Begriffe, die besonders häufig und in verschiedenen Zusammenhängen auftauchen, besonders wenig sagen. Warum erzählen wir das? Weil es ein paar Prototypen dieser intensionsarmen Begriffe gibt. Das **Ereignis** ist einer davon. Es wird gern als Ersatz für Katastrophe verwendet und auch für jeden anderen unangenehmen Vorfall, vom → **Krieg** bis hin zu explodierten Atomkraftwerken. Das **Ereignis** macht es möglich, über peinliche, schlimme oder hässliche Dinge zu reden, ohne sie erwähnen zu müssen. **Ereignis** hat auch einen sehr viel sachlicheren Klang als zum Beispiel Unfall, Störfall, Attentat. Das ist praktisch und darf daher in keinem Redenbaukasten fehlen. Siehe auch → **Maßnahme**.

ergebnisoffen

Wortneuschöpfung, die den Eindruck erweckt, dass bei einer Debatte eine Entwicklung noch lange nicht abgeschlossen und noch jedes Resultat möglich ist – was eigentlich selbstverständlich sein sollte. Dass dieser Aspekt extra betont wird, ist ein sicherer Hinweis darauf, dass längst alle Entscheidungen gefällt wurden. Der Begriff soll Gegnern einer → **Maßnahme** das Gefühl vermitteln, ihre Einwände würden gehört, obwohl genau das nicht beabsichtigt ist. Siehe die Suche nach einem → **Endlager**, die eigentlich keine Suche ist, immerhin hat sich der Ort der geplanten Atommüllkippe seit Jahrzehnten nicht geändert. Das Wort **ergebnisoffen** wird aber auch verwendet, um eine Verhandlung, deren Ausgang unerwünscht, aber unvermeidlich ist, solange wie möglich in die Zukunft zu verschieben. Das wiederum soll dem Verhandlungspartner vorgaukeln, dass seine Forderung erfüllt werden könnte, wenn er nur genug Geduld zeigt. Dabei ist das eigentliche Ziel, keine Entscheidung zu fällen oder eine längst gefällte nicht verkünden zu müssen. Siehe der geplante EU-Beitritt der Türkei, der auch schon seit vielen Jahren geprüft wird, selbstverständlich **ergebnisoffen**. Dass er längst nicht so **ergebnisoffen** ist, zeigt sich daran, dass dem Land gleichzeitig eine → **privilegierte Partnerschaft** angetragen wurde. Die Verwendung des Wortes basiert in beiden Fällen auf der Hoffnung, ein Problem könnte sich von selbst erledigen, wenn man es nur lange genug verschweigt. Beziehungsweise auf der Annahme, die überwiegende Mehrheit der Kritiker werde irgendwann ihre Argumente vergessen und ihre Meinung ändern, wenn die Debatte nur lang genug dauert.

Ermittlungsmethoden, moderne

Unscharfe Formulierung, die von Politikern gern verwendet wird, um den Zusammenhang »Polizei« und »irgendwas mit dem Internet« zu umschreiben. Eine neue Technik wie eben dieses Internet erfordere entsprechende Antworten der Behörden, lautet die Argumentation dazu. Gemeint ist mit den **modernen Ermittlungsmethoden** aber nicht, dass Polizisten im Netz ermitteln, vielleicht sogar uniformiert und irgendwie sichtbar. Gemeint ist auch nicht die Nutzung von Google. Gemeint ist in der überwiegenden Zahl der Fälle der Versuch, sämtliche Inhalte elektronischer Kommunikation dauerhaft zu speichern und heimlich auszuwerten, daher Überwachungsinstrumente wie die → **Vorratsdatenspeicherung** oder die → **Funkzellenabfrage**. Insofern handelt es sich um einen Euphemismus, eine Verschleierung. Ob diese absichtlich erfolgt oder aus Unkenntnis darüber, wie das Internet funktioniert, können wir nicht beurteilen. Möglich ist beides. Im zweiten Fall wären die **modernen Ermittlungsmethoden** dann auch noch ein Füllwort: so wie »Gedöns«.

Experte

Es gibt Wörter, die streuen wir in unsere Sätze ein, obwohl sie keinen tieferen Sinn haben. Sie sollen lediglich über Lücken im Text hinweghelfen und dabei ein kuscheliges Gefühl vermitteln. In der Linguistik werden sie, eben weil sie überall stehen könnten, Passepartoutwörter genannt (französisch für *passer* »hindurchgehen« und *partout* »überall«). Der **Experte** ist ein solches Füllwort. Einst war damit mal jemand gemeint, der überdurchschnittlich viel von einem Gebiet versteht, der darin also erprobt ist, auf lateinisch *expertus*. Inzwischen allerdings wird der **Experte** vor allem von Medien als Titel für all die Menschen verwendet, die entweder keine anständige Berufsbezeichnung haben oder deren Beruf so kompliziert ist, dass er nicht in die dreißig Zeichen langen Untertitel auf dem Bildschirm passt. So werden diese dann zum Beispiel zu Internet-**Experten**,

Terrorismus-**Experten** oder Wirtschafts-**Experten**, gelegentlich auch hochgeschwurbelt durch den Zusatz »führende«. Das klingt kompetent und soll darüber hinwegtäuschen, dass der Betreffende auch nicht mehr über die Situation weiß als die Moderatoren und die Zuschauer. Denn seit Massenmedien allein in Deutschland täglich gefühlte dreihundert **Experten** verheizen, um die komplizierte Welt zu erklären, werden sie knapp. Insofern ist der Begriff längst Medienneusprech und steht nicht mehr für einen Fachmann, sondern für »irgendjemanden, der bereit war, mit uns über diesen Unsinn zu reden«. Oder, wie der Medien- und/oder Internetexperte Stefan Niggemeier in der »Frankfurter Allgemeinen Sonntagszeitung« schrieb: »Wer solche Experten kennt, braucht keine Laien.«

Exzellenzinitiative

Neusprech ist die Kunst, von Schwächen abzulenken oder, noch besser, sie als Stärken zu verkaufen. Besonders funkelnde Wörter sollten daher stutzig machen. So wie die **Exzellenzinitiative**, sie gleißt geradezu: Exzellent sind nur überragend gute Dinge. Eine Initiative außerdem ist entweder ein Anstoß, der Beginn von etwas Neuem. Oder sie ist, wie in Bürgerinitiative, ein Zusammenschluss von vielen, um gemeinsam ein höheres Ziel zu erreichen. Was also will die **Exzellenzinitiative**? Soll sie ein erster Schritt sein, um zu erreichen, dass deutsche Universitäten wahnsinnig gut werden? Oder soll sie diverse, in ihren Fachgebieten führende Forscher zusammenbringen, damit sie gemeinsam etwas Neues, noch nie Dagewesenes schaffen? Der Begriff selbst verrät es nicht. Was unter Umständen die Absicht seiner Erfinder war. Denn wer sich die Idee der **Exzellenzini-**

tiative anschaut, kommt schnell dahinter, dass es hier um etwas anderes geht, um Mangelverwaltung. 1,9 Milliarden Euro hatte der Staat übrig und wollte damit die Universitäten vier Jahre lang fördern. Bekäme jede Hochschule etwas, beschränkte sich die Förderung auf ein paar neue Drucker und vielleicht noch hier und da eine Mikrofonanlage für den Hörsaal. Da das nicht sonderlich funkelt und nicht zum Angeben taugt, entstand bei Politikern die Idee der **Exzellenzinitiative**: Wenige bekommen viel und sehen damit gut aus, der Rest soll sehen, wo er bleibt. Verzeihung, die anderen sollen das natürlich als Ansporn betrachten. Das hat den Vorteil, dass sich mit den Auserwählten prima protzen lässt. Auch wenn es in der Summe natürlich noch immer nicht viel bringt, schon gar nicht für alle. Zu wenig Geld ist eben zu wenig Geld, egal, wie es verteilt wird. Siehe auch → **Leuchtturmprojekt**.

Fahrzeitverlängerung

Begriff der Deutschen Bahn AG, daher Bahnsprech und ein Präzisismus. Die Verschleierung wird hier durch eine sachlich korrekt wirkende Umschreibung erreicht, die aber den eigentlichen Wortsinn der Verspätung nicht mehr enthält beziehungsweise ihn ins Gegenteil verkehrt. Denn die **Fahrzeitverlängerung** erweckt nicht mehr die Konnotation, ein Versäumnis der Bahn zu Lasten der Fahrgäste zu sein. Sie hinterlässt vielmehr den Eindruck, als bekämen Reisende mehr für ihr Geld, als ihnen eigentlich zusteht. Was (garantiert unfreiwillig) offenlegt, warum die Bahn so ungern Vergütungen und Entschädigungen zahlt, wenn ihre Züge zu spät kommen: Sie findet offensichtlich, der Kunde habe für die längere Nutzung des Bahnmaterials eigentlich einen Zuschlag zu zahlen. **Fahrzeitverlängerung** wird gern auch im Plural verwendet: **Fahrzeitverlängerungen** wirken so viel harmloser als die Verspätungen, die in der Mehrzahl schnell an einen systematischen Fehler denken lassen.

Fehler, handwerkliche

Dass die Verwendung des Plurals bisweilen eine abschwächende, ja sogar euphemistische Wirkung haben kann, zeigen die → **Zwänge**, die etwas völlig anderes sind als ein Zwang. Ähnlich verhält es sich mit Adjektivierungen. Fehler können jedem unterlaufen, sie sind, gerade in der Mehrzahl, Teil des Lebens. Und das Handwerk ist gar der Inbegriff der Möglichkeit zu scheitern. Wer mit seinen Händen wirkt, wer hämmert, sägt, schleift, schraubt, der kann abrutschen – je fester er zupacken will, desto eher. Das ist verzeihlich, ja unvermeidlich. Nur wer übt, wer Fehler macht und neu probiert, kann lernen und besser werden. **Handwerkliche Fehler** jedoch sind nichts dergleichen, sie sind Schlamperei und Beleg dafür, dass jemand sein Handwerk nicht beherrscht. Einen Gefallen also tat sich ein damaliger Minister nicht, als er im Zusammenhang mit seiner plagiierten Doktorarbeit von eben solchen **handwerklichen Fehlern** sprach. Bedeutete es doch, dass er keine Ahnung von dem Handwerk des Doktorarbeitschreibens hatte. Ganz zu schweigen von der Tatsache, dass es unverfroren ist, eine moralische Verfehlung und ein im Zweifel auch strafrechtlich relevantes wissenschaftliches Fehlverhalten als Fehler, als Kleinigkeit also kaschieren zu wollen und sich dabei noch mit einem schwer arbeitenden Handwerker zu vergleichen.

Feindstrafrecht

Das hat sich der deutsche Jurist Günther Jakobs ausgedacht, und es ist eine direkte Folge des hyperbolischen Steigerungswahns unserer sogenannten Sicherheitspolitiker, siehe → **Kriminalität, schwerste**. Denn wer eine solche Überkriminalität herbeifabuliert, die mit bisherigen → **Maßnahmen** angeblich nicht mehr bekämpft werden kann, der muss natürlich auch irgendein passendes Gegenmittel erschwurbeln. Eben das **Feindstrafrecht**, das auf der Idee basiert, dass Terroristen keine Menschen seien, weswegen es für sie ein Extra-Recht geben müsste. Beziehungsweise ein Konstrukt, das ihnen einen rechtlichen Schutz eben nicht mehr zugesteht und zum Beispiel erlauben will, sie zu foltern und zu quälen. Basiert auf der mittelalterlichen Vorstellung, dass jemand, der grundlegend gegen das Recht verstößt, seine Rechte verliert. Das **Feindstrafrecht** ignoriert dabei vorsätzlich die universelle Gültigkeit gewisser Grund- und Menschenrechte (*Déclaration universelle des droits de l'homme*), auf die sich die Menschheit inzwischen geeinigt hat und die bislang zumindest als großer Fortschritt galten. Es verstößt damit auch wissentlich gegen Artikel eins des Grundgesetzes, in dem es nicht ohne Grund heißt: »Das Deutsche Volk bekennt sich darum zu unverletzlichen und unveräußerlichen Menschenrechten als Grundlage jeder menschlichen Gemeinschaft.«

Finanzindustrie

Eine Erfindung derselben, um sich wichtig zu machen. Suggeriert, dass diese Branche etwas Handfestes produziert und damit einen Mehrwert schafft, obwohl dem natürlich nicht so ist. Denn eigentlich verkauft sie Wetten. In anderen Zusammenhängen heißt so etwas Glücksspiel. Wenn ganze Volkswirtschaften darauf basieren, darf das natürlich nicht so schrecklich unsicher klingen. Denn obwohl der produzierte Mehrwert nur in der Vorstellung der Aktienhändler existiert, die früher Spekulanten hießen, heute aber lieber als Broker oder als sektenartige Börsianer firmieren, hält die Allgemeinheit die Zockerei der Banken und Versicherungen offenbar noch immer für einen ehrenwerten Beruf. Die Lüge klingt aber auch einfach zu schön. So als würden in der **Finanzindustrie** viele eifrige Arbeiter wie am Fließband Reichtum für alle produzieren. Zu dumm, dass die **Finanzindustrie**, statt Werte herzustellen, ganze

Staaten in die Krise stürzt. Den Protagonisten ist das anscheinend auch aufgefallen, sonst würden sie sich nicht ständig neue Euphemismen für ihr Tun ausdenken. Siehe auch → **Finanzprodukt**, das den Eindruck erweckt, in einem aufwändigen Produktionsprozess würden »finanzielle Rohstoffe« zu neuen Dingen »veredelt«. Gemeint sind allerdings Aktien und andere Wetten auf die Zukunft, deren Wert allein aufgrund der Hoffnung ihrer → **Endkunden** existiert.

Finanzprodukt

Angeberisch für Geldanlage. Es handelt sich um den Versuch einer Metonymie, einer Bedeutungsverschiebung. Denn **Finanzprodukte**, vulgo Aktien, Sparverträge oder Versicherungen, sind entweder Wetten auf die Entwicklung eines Unternehmens oder eines Rohstoffes. Oder sie sind von der Bank festgelegte Bedingungen, unter denen diese bereit ist, das Geld eines Kunden entgegenzunehmen. Ergebnis einer Produktion sind **Finanzprodukte** hingegen nicht, niemand hat irgendetwas hergestellt. Das aber behauptet das Wort. Ihm liegt das lateinische Verb *producere* zugrunde, das »hervorbringen«, »vorführen« heißt. Vorgeführt wird beim **Finanzprodukt** aber nur der, der es kauft. Denn bei einer Geldanlage ist der Kunde der Handelnde, er legt sein Geld bei einer Bank an. Beim **Finanzprodukt** jedoch steht die Bank im Vordergrund, die dem Kunden aktiv ein Produkt verkauft. Damit wird die Bedeutung des Kunden ausgeblendet und die Beziehung zwischen Bank und Kunden umgekehrt. Nun steht die Bank im Mittelpunkt, die angeblich ganz tolle Produkte anbietet, nicht mehr der Kunde, der sein Gespartes zu ihr trägt. Was allerdings unfreiwillig die tatsächliche Relation ganz gut wiedergibt. Denn nicht der Kunde profitiert von diesem Geschäft, sondern vor allem die Bank. Genau wie im Spielkasino gilt auch bei **Finanzprodukten** die Regel: Die Bank gewinnt immer.

Finanztransaktionssteuer

Die **Finanztransaktionssteuer** ist ein interessanter Neusprech-Sonderfall, weil der Begriff völlig korrekt ist. Es geht um eine Steuer auf Finanztransaktionen, auf den Handel mit Geld oder besser mit so etwas wie Lottoscheinen. Allerdings klingt das sehr viel komplizierter, als es müsste. Denn für eben diesen Zusammenhang gibt es ein Wort, das seit vielen Jahren eingeführt ist und wohl von jedem verstanden wird: Umsatzsteuer, hierzulande auch als Mehrwertsteuer bekannt. Um nichts anderes geht es. Wer mit Geld, Aktien oder Derivaten handelt, der soll eine Steuer auf seinen Umsatz zahlen. Der Technizismus **Finanztransaktionssteuer**, der fremd und aufwändig klingt, verschleiert erfolgreich, dass bei Aktienhändlern eine solche Umsatzsteuer bislang eben nicht erhoben wird, sie sind von ihr befreit. Gleichzeitig hat die **Finanztransaktionssteuer** den Vorteil, wie eine völlig neue Idee zu wirken, so als würde die Regierung ein geradezu revolutionäres Konzept diskutieren. Dabei gibt es dieses Konzept längst, beziehungsweise gab. Es hieß damals nur klarer Börsenumsatzsteuer und wurde 1991 abgeschafft. Übrigens durch das sogenannte Finanzmarktförderungsgesetz. Man hätte es auch gleich Bankensubventionsgesetz oder Geldgeschenk nennen können.

Flüchtlingsbekämpfung

Dieser Begriff ist kein Neusprech, denn er vernebelt und verschleiert nichts. Die **Flüchtlingsbekämpfung** drückt wortgetreu aus, was diejenigen meinen, die das Wort benutzen: Sie wollen hier keine Fremden und bekämpfen sie mit allen Mitteln, damit sie dieses Land gar nicht erreichen oder es wenigstens so schnell wie möglich wieder verlassen. Die **Flüchtlingsbekämpfung** klingt wie das, was sie ist: ein Krieg gegen Fremde. So viel Offenheit ist in der politischen Sprache selten. Dabei hat Aristoteles in seiner »Rhetorik« einst diese Philalethie, diese Liebe zur Wahrhaftigkeit, als wichtigste Tugend des Redners gefordert. Seitdem ist sie allerdings ein wenig aus der Mode gekommen. Genau deswegen soll die **Flüchtlingsbekämpfung** hier stehen, als offensichtliche Ausnahme. Wobei wir davon ausgehen, dass sie ein Versehen war. Die Bundeskanzlerin, der wir diesen Begriff verdanken, wollte sicher so etwas sagen wie »Bekämpfung der illegalen Wanderung«. So zumindest wird die **Flüchtlingsbekämpfung** im Schengener Abkommen bezeichnet. Und das klingt schon viel eher nach dem üblichen Politikersprech.

FMS Wertmanagement

Selten deutliches Beispiel für bewusste Vernebelung: Die damit bezeichnete Wertpapier-Entsorgungsanstalt, auch euphemistisch → **Bad Bank** genannt, ist nicht mit Management betraut. Zumindest nicht im eigentlichen Sinn. Denn *to manage* bedeutet, etwas »mit der Hand zustandebringen« oder »mit der Hand lenken«. Zustande aber bringt die Anstalt nichts, im Gegenteil. Statt zu erschaffen, soll sie wertlose Wertpapiere so teuer wie noch möglich verkaufen. In diesem Zusammenhang von einem Management der Werte zu sprechen, grenzt an Lüge. Doch es geht noch weiter. Die Abkürzung **FMS** steht für Finanzmarktstabilisierung. Die ist aber nur ein Teil der FMSA, was wiederum Bundesanstalt für Finanzmarktstabilisierung meint, zu der die **FMS Wertmanagement** gehört. Bei dieser Mischung aus abgekürzten Abkürzungen und Antiphrasen (»wert« für »unwert«) ist man nicht mehr weit entfernt vom *miniplenty*. Das war die Abkürzung für das *Ministry of Plenty*, das Ministerium für Überfluss, das in Orwells Lügenstaat in »1984« den Mangel verwaltet. Selbst das aber schien den Beteiligten noch nicht genug: Sie haben die Aktienmüllkippe noch weiter veredelt und die Abkürzung zu **FMS-WM** abgekürzt. Was den sicher nicht unerwünschten Nebeneffekt hat, das der eine oder andere dabei an einen Weltmeister denkt. Oder völlig den Überblick verliert.

Folgen, nukleare

Das Adjektiv nuklear leitet sich vom lateinischen Substantiv *nucleus* ab, das »Kern« bedeutet, und heißt im heutigen Sprachgebrauch fast ausschließlich »den Atomkern betreffend«. Beziehungsweise wird es verwendet, wenn dem beschriebenen Sachverhalt eine sogenannte Kernreaktion zugrunde liegt, also der Zusammenstoß mehrerer Atomkerne. Praktischerweise merkt man dem Adjektiv sein atomares, beziehungsweise sein strahlendes Wesen nicht so an, weswegen es gern als verharmlosendes Synonym für »radioaktiv« verwendet wird. Die **nuklearen Folgen** nun passen hier eigentlich gar nicht hin. Denn die Folgen von Radioaktivität sind ja nicht nuklear, sondern es sind zum

Beispiel Haarausfall, Missbildungen oder Tod. Es sind somit Folgen eines nuklearen Prozesses. Die Zusammenziehung zu **nuklearen Folgen** ist somit eine sogenannte Nebelkerze, ein verschleiernder Begriff. Für eine solche Attribuierung, die aufgrund ihrer Konstruktion die Wortbedeutung verschiebt, wurde in der antiken Rhetorik die Bezeichnung Enallage verwendet: **Folgen** sind ebensowenig **nuklear**, wie starke Raucher stark sind. Und sie dient hier dazu, den Ausdruck »atomare Katastrophe« zu vermeiden.

Forschungsbergwerk

Eigentlich Schachtanlage Asse II, ein ehemaliges Salzbergwerk in Niedersachsen, das seit 1965 offiziell als **Forschungsbergwerk** bezeichnet wird. Allerdings fungierte es seitdem weder als Bergwerk, noch diente es der Forschung. Zumindest wenn man Forschen definiert als das durch Methoden geleitete Überprüfen von Hypothesen in kontrollierter Umgebung zum Zweck des Erkenntnisgewinns. In Asse II jedoch wurde nie etwas erforscht. Wohlmeinende könnten einwenden, dort sei die Lagerung radioaktiven Mülls erprobt worden – im Sinne von nachgeschaut, was passiert, wenn man es einfach tut. Denn eigentlich war das **Forschungsbergwerk** eine Abladestelle für strahlenden Abfall aus Atomkraftwerken, daher eine atomare Müllkippe. Erkenntnisse kamen dabei durchaus zustande, wenn auch ungewollt. Unter anderem die, dass sich Salzstöcke nicht als → **Endlager** eignen, dass sie also die Hoffnung, den strahlenden Dreck nie wieder sehen zu müssen, grandios enttäuschen. Jedoch wurde diese Erkenntnis weder methodengeleitet, noch kontrolliert gewonnen, sondern durch grob fahrlässiges Ignorieren wissenschaftlicher Bedenken und mit entsprechend katastrophalen Folgen. Es dauerte viele Jahre, bis die Sauerei einer breiten Öffentlichkeit bekannt wurde und die Politik sich zum Handeln genötigt sah. Die absichtliche Falschbezeichnung als **Forschungsbergwerk** hatte daran sicher einigen Anteil.

Fortschrittsverweigerer

Auch Technik- oder Modernisierungsverweigerer genannt. Abwertend gemeinte Bezeichnung für Gegner staatlicher Pläne, insbesondere Bauvorhaben. Nutzt die negative Konnotation des Ausdrucks Verweigerer, der auch als Nörgler verstanden werden kann. Die Beschimpfung als **Fortschrittsverweigerer** ist der Versuch, Kritik an diesen Plänen zu diffamieren, indem an den Glauben appelliert wird, Neues sei per se besser als Altes; wer das Neue kritisiert, müsse folglich verstaubt und dumm sein. Spaßigerweise dient das entsprechende Vorhaben damit als Begründung für sich selbst. Es ist neu, das genügt; ob es taugt, ist egal. Weniger lustig ist, dass möglicherweise sinnvolle Gegenargumente und die ebenfalls nicht dumme Warnung, Technik verantwortungsvoll einzusetzen, beiseitegeschoben werden. Die gesellschaftliche Debatte wird damit nicht als Chance verstanden, ein Vorhaben so gut wie möglich umzusetzen, sondern als Ignoranz und Beschränktheit dargestellt. Damit ist der **Fortschrittsverweigerer** so etwas wie ein Judotrick des Neusprech, der die Energie des Gegners gegen ihn selbst wendet. Dank seiner Eleganz und nahezu garantierten Wirkung wird er dementsprechend häufig eingesetzt, vor allem bei riskanten und / oder teuren Ideen zum Beispiel in den Bereichen Atomkraft, Genetik oder Verkehr.

freiheitsschonend

Weiß bedeutet schwarz und ja heißt nein – so lautet die wohl wichtigste Formel zur Entschlüsselung von Neusprech. Probieren wir es aus. Die CSU behauptet, sie wolle »**freiheitsschonende** Technologien zur Früherkennung krimineller Bedrohungen« entwickeln. Eine Vorbemerkung: Gemeint sind damit Verfahren wie die → **Vorratsdatenspeicherung**, deren Aufgabe es ist, die Kommunikation aller Menschen hierzulande über lange Zeit zu speichern, um sie im Zweifel auswerten zu können. Man wolle also dafür sorgen, behauptet unser Beispielsatz, dass die entsprechenden Instrumente die Freiheit der Bürger schonen. Das aber bedeutet selbstverständlich, dass diese Verfahren eigentlich die Freiheit bedrohen. Warum sonst müsste dieser Ansatz so betont werden? Würde die → **Vorratsdatenspeicherung** mehr Freiheit gewähren, brauchte es die sprachliche Schonung nicht. Schlussfolgerung: Die CSU drückt somit eigentlich aus, dass sie sehr wohl weiß, dass die → **Vorratsdatenspeicherung** ein Werkzeug zur Überwachung ist und dass sie eben nicht gedenkt, das Land freier zu machen. Der Begriff **freiheitsschonend** versucht, diese Tatsache umzudeuten beziehungsweise die davon betroffenen Bürger zu beruhigen und ihnen zu suggerieren, dass schon nichts Schlimmes geschehen werde. Siehe auch → **grundrechtsschonend**.

freisetzen

Kompositum aus dem Adjektiv »frei« und dem Verb »setzen«. Synonym dafür, einen bis dahin eingesperrten Gegenstand ungewollt freizulassen. Bei Radioaktivität oder giftigen Gasen, die aus dem Leck einer Fabrik entweichen, mag **freisetzen** noch eine durchaus korrekte Bezeichnung sein. Zumindest solange es sich um einen → **bedauerlichen Einzelfall** handelt und die Ursache dafür nicht systematische Schlamperei war, die an Mutwillen glauben lässt. Zum Euphemismus beziehungsweise zur Frechheit wird das Wort jedoch, wenn es um Menschen geht. Die Logik besagt, die Betroffenen seien nun ja wieder frei für den Arbeitsmarkt, vgl. → **Markt, der**. Das **Freisetzen** soll dabei wie mildes Bedauern klingen. Dabei ist es nur zynisch, denn um diese Freiheit haben sie nie gebeten. Und ihre Arbeitsplätze sind auch nicht plötzlich und ungewollt verschwunden. Sie wurden gezielt »abgebaut«, um nicht zu sagen vernichtet. Die Haltung, die sich hinter dieser Verschleierung verbirgt, zeigt sich bereits im Wort selbst. Denn das verbale Glied »setzen« wird auch verwendet für das Herumschieben von Spielsteinen auf einem Brett. Daher: Wer andere **freisetzt** oder auch → **freistellt**, betrachtet sie als Gegenstände und will nur nicht sagen, dass er sie auch so behandelt und rausschmeißt.

freistellen

Entlassen, rausschmeißen oder kaltstellen. Siehe → **freisetzen**.

Fundamentalisten, linksliberale

Klingt übel und soll es auch, denn es ist eine Schmähung, die mit Vorurteilen spielt. Glauben Sie nicht? Nun: Woran denken Sie beim Begriff Fundamentalisten? Richtig, an

Al-Qaida. Bei Linken? An brennende Autos und fliegende Steine, oder? Bei Liberalen, noch dazu Linksliberalen? An die FDP? Sie scherzen. Denken Sie nicht viel eher an Unterstützer der Schwulenehe oder an Kriegsdienstverweigerer und ähnliche »Feiglinge«? Das zumindest hat sich der Innenminister wohl erhofft, als er »Kritiker der Anti-Terror-Gesetze« **linksliberale Fundamentalisten** nannte. Was bedrohlich klingt. Dabei sind Menschen gemeint, die sich auf das Grundgesetz berufen und die argumentieren, zu viel Überwachung, für welch gut gemeinten Zweck auch immer, könne nicht gut sein. Sie misstrauten »dem eigenen Rechtsstaat«, wirft der Minister ihnen nun vor. Womit er einen interessanten Einblick in sein Denken gibt. Das Grundgesetz ist eine Sammlung von Abwehrrechten, es soll den Einzelnen vor dem Staat schützen. Denn seine Autoren misstrauten jedem Staat, aus langer, leidvoller Erfahrung. Somit ist es eine erstaunliche Verdrehung dieser Idee, zu behaupten, wer den Staat in seiner Macht beschränken wolle, gefährde »Leib und Leben Unschuldiger«. Dient die Beschränkung des Staates doch dazu, die Freiheiten aller zu erhalten und damit letztlich auch ihren Leib und ihr Leben. Denn niemand hat in der Geschichte so bedenkenlos und so erfolgreich unterdrückt, gefoltert und getötet wie allmächtige Staatsapparate und ihre sich unangreifbar fühlenden Beamten. Der Minister bedient sich damit einer negativen Konnotation, in der Sprachwissenschaft auch als Pejoration bezeichnet. Man könnte auch sagen, er betreibt Propaganda. Übrigens ziemlich flache, denn **linksliberale Fundamentalisten** sind gerade nicht liberal, deswegen heißen sie so.

Funkzellenabfrage

Technisch korrekter Begriff, trifft jedoch nicht annähernd den Kern der Sache. Angesichts des tiefen Eingriffs in die Privatsphäre, den diese sogenannte verdeckte, also heimliche Fahndungsmethode der Polizei bedeutet, ist die Beschreibung grob irreführend, somit ein Technizismus. Bei der **Funkzellenabfrage** werden auf Betreiben der Polizei sämtliche Verbindungsdaten einer spezifischen Funkzelle abgefragt und ausgewertet. Dadurch wird die Telefonnummer jedes Mobiltelefons ermittelt, das zu diesem Zeitpunkt an dieser Funkzelle angemeldet war – letztlich also der Standort seines Besitzers. Das Verfahren kann beispielsweise bei Demonstrationen pro Abfrage tausende unschuldige und unverdächtige Menschen betreffen, die so in den Fokus einer Ermittlung geraten. Es bedeutet also mindestens eine Rasterfahndung. Üblicherweise werden allerdings viele Funkzellen zu vielen verschiedenen Zeitpunkten abgefragt, was einer Großraumüberwachung gleichkommt. Mit den Daten lassen sich außerdem die Bewegungen einzelner Personen nachvollziehen, also sogenannte Bewegungsprofile erstellen. Und es kann aufgeklärt werden, wer mit wem wie häufig und von wo aus kommuniziert. Entspricht daher in seiner Wirkung der bislang nicht zugelassenen → **Vorratsdatenspeicherung**.

G

Gefährder

Im staatlichen Sinne ein Mensch, von dem eine Gefahr ausgeht, vor allem eine terroristische. Der **Gefährder** klingt bedrohlich und soll es auch. Denn mit dem Begriff, den es in keinem Gesetzbuch gibt, wird gerechtfertigt, Menschen zu beobachten und zu überwachen, ihre Bankkonten zu durchschnüffeln und ihre Telefonate abzuhören. Tatsächlich aber ist es jemand, der nichts getan hat – der allerdings nach geheim gehaltenen Kriterien irgendwie auffällig geworden ist, gegen den die Polizei aber nicht offiziell ermitteln kann, weil es keinen begründeten Verdacht und schon gar keine gerichtsfesten Beweise gegen ihn gibt. Was **Gefährder** eigentlich sind und nach welchen Kriterien sie ausgewählt werden, sagt bezeichnenderweise niemand. Nach bisherigem Rechtsverständnis war ein solcher Mensch unschuldig. In dem Versuch, Verbrechen nicht mehr nur aufzuklären, sondern verhindern zu wollen, bevor sie geschehen, wurde diese Kategorie offensichtlich abgeschafft. Dem Staat, so zeigt der Ausdruck, ist längst jeder Bürger suspekt. Was angesichts der Steigerungsform noch deutlicher wird. Schließlich kennen Politik und Polizei auch noch den potenziellen **Gefährder**, einen Menschen also, der noch gar nicht zum **Gefährder** geworden ist, es aber irgendwann werden könnte. Einen Fast-Verdächtigen somit. Das kann jeder sein. Immerhin kann von jedem Bürger in der Zukunft irgendeine Gefahr ausgehen. So etwas nannte man früher einen Generalverdacht.

Gefahrenerforschung, erweiterte

Nicht zu verwechseln mit → **Sicherheitsforschung**. Die **Gefahrenerforschung** ist eine österreichische Wortschöpfung und wird dort synonym verwendet für verdachtsunabhängige Überwachung. Es handelt sich also um einen Austriazismus. Der es im Übrigen in sich hat. Eine Gefahr ist eine mehr oder weniger abstrakte Bedrohung. Sie ist ein Zustand, der noch nicht eingetreten ist. Die **erweiterte Gefahrenerforschung** entfernt sich noch etwas weiter vom Tatsächlichen und geht noch einen Schritt in Richtung des Möglichen. Sie soll dazu dienen, potenzielle Gefahren überhaupt erst zu entdecken. Eigentlich darf die Polizei nicht ohne Anlass ermitteln, sie braucht einen begründeten Verdacht, bevor sie etwas gegen Bürger unternehmen kann. Leider gilt dieser rechtsstaatliche Schutz vor anlasslosen Ermittlungen vielen Politikern inzwischen als überholt. Offenbar haben sie dabei aber wenigstens ein schlechtes Gewissen. Warum sonst sollten sie sich bemüßigt fühlen, diese Verdächtigung aller Menschen sprachlich zu verbergen? So findet bei der **erweiterten Gefahrenerforschung** eine Erforschung statt, die an wissenschaftliche Neugier und Forscherdrang denken lässt und nicht an Polizisten, die in die Privatsphäre Unschuldiger eindringen. Ein treffenderer Ausdruck wäre Rasterfahndung. Nur der Vollständigkeit halber: Das »erweitert« in dieser Konstruktion übrigens bedeutet, dass das entsprechende Gesetz nicht mehr nur gegen sogenannte kriminelle Vereinigungen von mindestens drei Personen angewendet werden kann. Nun dürfen auch Einzelpersonen ausgespäht werden. Die Erweiterung liegt also darin, dass es jetzt möglich ist, gegen jeden ohne Anlass vorzugehen. Vgl. das deutsche Pendant

→ **Gefährder** beziehungsweise seine Erweiterung, der potenzielle → **Gefährder,** alias Jedermann.

Geschlossenheit

Meist in »zur Geschlossenheit mahnen« oder »zu mehr Geschlossenheit mahnen«: Vom preußischen General und Militärtheoretiker Carl von Clausewitz stammt die Aussage, Krieg sei die Fortsetzung der Politik mit anderen Mitteln. Der französische Philosoph Michel Foucault drehte das um und sagte, Politik sei die Fortsetzung des Krieges. Wie recht er damit hat, zeigt sich unter anderem daran, dass das Vokabular des Militärs in die Politik eingedrungen ist. So ist von »Parteisoldaten« die Rede, und hin und wieder mahnt ein Politiker seine Partei zur **Geschlossenheit.** Offensichtlich werden Parteien also mit einem Heerhaufen verglichen, der möglichst dicht zusammengedrängt gegen den Feind vorrücken soll. Was eine eher unglückliche Metapher ist. Hieße es doch, dass die Argumente, also die Waffen dieser Partei, so effektiv sind wie Lanzen oder Steinschlossgewehre. Denn die geschlossene Kampfordnung gilt spätestens seit der Französischen Revolution als überholt, ja heutzutage als glatter Selbstmord. Wer auf dem Schlachtfeld überleben will, muss flexibel und in kleinen Gruppen vorgehen. Aber das nur nebenbei. Denn mit der **Geschlossenheit** meinen die Betreffenden etwas völlig anderes. Es ist der versteckte Befehl, die Klappe zu halten. Ausgesprochen wird er immer dann, wenn ein Parteimitglied öffentlich Dinge sagt, die von der derzeit gerade gewünschten Linie – schon wieder eine Militärvokabel, die von der Schützen- und der Frontlinie stammt – abweichen. Das offenbart nicht nur historischen Unverstand, sondern auch ein interessantes Demokratieverständnis. Ist die Stärke der Demokratie doch die offene und öffentliche Diskussion. Wozu nun einmal abweichende Meinungen und Kritik gehören. Genau die aber möchten Forderer von **Geschlossenheit** gern unterbinden.

Gestaltungsmehrheit

Wir dachten immer, eine Mehrheit sei eine Mehrheit, und wer sie hat, hat das Ziel der Wahl erreicht. Aber so einfach ist Politik wohl nicht mehr. Denn neben der stinknormalen Mehrheit gibt es inzwischen auch noch die **Gestaltungsmehrheit**, so eine Art Übermehrheit, die nur die richtigen Rocker schaffen. Wobei der Begriff im Unklaren lässt, wie er sich von der sogenannten Regierungsmehrheit unterscheidet. Die immerhin bezeichnet diejenigen Parlamentsmitglieder, die dafür sorgen, dass eine Regierung überhaupt regieren kann, indem sie sie unterstützen. Die **Gestaltungsmehrheit** hingegen scheint die Menge an Stimmen zu meinen, die es braucht, damit eine politische Gruppierung Entscheidungen treffen kann, ohne zuvor einen nervenden Koalitionspartner fragen und lästige Debatten führen zu müssen. Angesichts der häufigen Verwendung dieses Wortes ist sie offensichtlich der Traum jedes Politikers, da dieser sich, wenn er die **Gestaltungsmehrheit** besitzt, von niemandem mehr reinreden lassen muss. Allerdings soll man mit Wortschöpfungen vorsichtig sein, denn sie sagen immer auch etwas über ihren Schöpfer aus. In diesem Fall verändert die **Gestaltungsmehrheit** die Wahrnehmung ihres Ursprungs, der Mehrheit. Die ist dem modernen Politiker offensichtlich nicht mehr viel wert, die Alleinherrschaft muss es sein. Und wir glaubten in unserer Einfalt, die Monarchie sei abgeschafft und Demokratie sei die Kunst, möglichst viele Haltungen in eine Entscheidung einzubeziehen.

Gesundheitskarte, elektronische

Abkürzung eGK; bezeichnet den mit neuen Funktionen ausgestatteten und bislang als »Krankenversicherungskarte« bekannten Ausweis zum Nachweis einer Krankenversicherung. Aus der Versicherung gegen Krankheit wird somit eine Karte für Gesundheit, obwohl weder die Karte noch die Versicherung dabei helfen, gesund zu bleiben und Krankheiten zu verhüten. Es handelt sich also um eine Antiphrase, um das genaue Gegenteil des bezeichneten Gegenstandes. Vgl. auch → **Gesundheitsprämie**. Damit nicht genug. Was mit der Karte alles möglich ist, drückt der ihr vom Gesundheitsministerium (sic!) verliehene Name nicht annähernd aus. Kleiner Tipp: Der Namenszusatz elektronisch ist ein zarter Hinweis auf das Potenzial – so zart, dass er an bewusstes Verschweigen grenzt. Ja, der in die Karte eingeklebte Chip ist ein elektronisches Bauteil. Vor allem aber ist er ein digitaler Speicher, auf dem vertrauliche Informationen gesammelt werden und über den sich, sollte das System jemals vollständig installiert werden, die komplette Krankengeschichte eines Versicherten abrufen lässt, also viele, viele vertrauliche Informationen. Die **elektronische Gesundheitskarte** ist somit vor allem eine digitale Krankenakte beziehungsweise erlaubt den Zugriff auf eine solche und sollte dementsprechend vorsichtig gehandhabt werden. Sie, weil es so viel besser klingt, als **elektronische Gesundheitskarte** zu verkaufen, ist zwar nachvollziehbar, denn es gibt erhebliche Kritik an großen Datensammlungen und die berechtigte Befürchtung, sie könnten missbraucht werden. Daher ist es allerdings auch grob fahrlässig, eben dieses Risiko bewusst zu verschleiern.

Gesundheitsprämie

Nicht nur Sekten versprechen ihren Anhängern Erlösung von den Widrigkeiten des Lebens, Parteien können das auch ganz gut. In der **Gesundheitsprämie** finden wir gleich zwei solcher Heilsversprechen in einem Wort. Erstens die Prämie: Sie entstand aus dem lateinischen *praemium* und ist im üblichen Sprachverständnis ein Vorteil, der einem gewährt wird. Da bekommt also jemand etwas. Zweitens die Gesundheit: Von der kann man ja nie genug haben, und in Verbindung mit dem Versprechen, etwas zu erhalten, klingt das gleich noch viel besser. Das soll es auch, denn für viele Betroffene ist das Ganze von Nachteil. Worum es wirklich geht? Darum, dass jeder Bürger einen festen Betrag für seine Krankenversicherung bezahlen soll, unabhängig davon, was er monatlich verdient. Zahlen also statt erhalten und gesund statt krank – nach den Regeln des Neusprech eine Meisterleistung. Vgl. auch → **Gesundheitskarte**. Die Union hat sich das Konzept vor ein paar Jahren ausgedacht, um die marode Krankenversicherung zu sanieren – Verzeihung, wir sind ungenau: Um die immer weiter steigenden Kosten für die Krankenversicherung stärker den Versicherten aufzubürden und Unternehmen im Vergleich dazu künftig billiger davonkommen zu lassen. Von den Erfindern bei der CDU / CSU wurde das Ding ursprünglich sogar solidarische **Gesundheitsprämie** genannt. Solidarisch, also der Idee von gleichgestellten Gruppen verpflichtet, ist daran natürlich nichts. Denn Unternehmen zahlen immer weniger ein, Bürger immer mehr. Steigt der Beitrag in der

Zukunft, wird sich dieses Missverhältnis noch verschlimmern. Denn die Beteiligung der Firmen ist festgeschrieben, die der Versicherten hingegen nicht. Für die Asozial-Romantiker von der Union mag das wie ein faires Konzept aussehen, dem normalen Gerechtigkeitsempfinden entspricht es dagegen eher weniger. Der politische Gegner bezeichnet die **Gesundheitsprämie** daher gern als Kopfpauschale. Das klingt etwas treffender, soll aber wohl vor allem an Kopfgeldjäger erinnern und das Konzept schmähen.

Gewinnwarnung

Geldverdienen ist uns Deutschen irgendwie peinlich, weshalb im Lebensraum der Spekulanten, Banker und Aktienhändler besonders viele verschwiemelnde Sumpfwörter blühen, siehe auch → **Finanzindustrie**. In der Wirtschaft geht es nun einmal allein ums Geld. Das klar zu sagen, ist jedoch schon lange nicht mehr schick. Mit der **Gewinnwarnung** beispielsweise wird nicht etwa davor gewarnt, dass gleich ganz viel Gewinn auf die Aktienbesitzer niederregnet. Die Wortschöpfung soll vielmehr ausdrücken, dass ein Unternehmen weniger Gewinn oder unter Umständen sogar mehr Verlust gemacht hat, als den Aktionären ursprünglich angekündigt worden war. Eigentlich ist das also eine Gewinnkorrektur, mindestens. Beziehungsweise Börsendeutsch für das Eingeständnis, wohl zu viel versprochen zu haben. Was selbstverständlich nicht so positiv klingt beziehungsweise nicht so hübsch verbrämt ist. Die **Gewinnwarnung** wäre dafür 2001 fast mal zum Unwort des Jahres gekürt worden. Es hat dann doch nicht ganz gereicht, und bewirkt hat es leider auch nichts. Bis heute belügen Unternehmen ihre Aktionäre mit Hilfe dieses Begriffes.

Gipfel

Ein **Gipfel** ist, neben der in der Landschaft herumstehenden Bergspitze, ein Treffen von Politikern, in diesem Zusammenhang gern »Spitzenpolitiker« genannt. Dabei suggeriert die namensgebende Bergkuppe, dass bei einer solchen politischen Zusammenkunft irgendein Höhepunkt erreicht, irgendein Problem bezwungen, eben irgendein **Gipfel** erklommen wird. Das aber geschieht praktisch nie. Es gab tatsächlich eine Zeit, als bei einem Stelldichein führender Politiker Kriege beendet, die Zukunft ganzer Landstriche geplant, ja überhaupt weltverändernde Entscheidungen getroffen wurden. Aber das ist lange her. Damals hießen die Runden auch noch sehr viel weniger protzig »Konferenz«, abgeleitet vom lateinischen *conferre*, »zusammentragen«. Heute hingegen kommt jedes Kaffeekränzchen von ein paar Wirtschaftsministern gleich als **Gipfel** daher. Was viel über die dort geführten Verhandlungen sagt. Denn, so lautet eine stehende Neusprech-Regel, je großspuriger die Verpackung, desto dürftiger der Inhalt. Und tatsächlich sind die Ergebnisse solcher Veranstaltungen inzwischen so mager, dass es den Teilnehmern oft schwerfällt, sie anschließend als Erfolg zu verkaufen. Was sicher auch daran liegt, dass die als »Spitzenpolitiker« Gerühmten selbst gar keinen Anteil mehr an dem ganzen Prozess haben. Die Verträge und Abschlusserklärungen nämlich werden längst von sogenannten Sherpas ausgehandelt, lange bevor sich die Politiker überhaupt treffen. Professionelle Bergführer also bestimmen, was die gewählten Vertreter der Völker anschließend nur noch verkünden dürfen. Die **Gipfel** sind damit so etwas wie der vorgetäuschte Orgasmus der Politik: Sie sehen wichtig aus, sind viele Millionen teuer, haben aber keinen Höhepunkt. Ein Schwindel also.

grundrechtsschonend

Geschont werden Kranke und Sterbende. Wenn jetzt auch schon die Grundrechte so weit sind, dass sie nur noch »schonende Eingriffe« vertragen, muss es übel um sie stehen. Möglicherweise aber ist alles sogar noch viel schlimmer und die Schonung nur eine Lüge. Der Verdacht drängt sich auf. Denn entweder ist ein Vorgehen konform mit den Grundrechten, oder es verstößt gegen sie, eine andere Möglichkeit gibt es eigentlich nicht. Der in diesem Zusammenhang stets erwähnte »Eingriff« lässt vermuten, dass damit eher ein Verstoß gegen die im Grundgesetz aufgeführten Rechte gemeint ist, der aber nicht so genannt werden soll. Denn ein Eingriff ist etwas Kleines, Harmloses – schnell vorbei und gar nicht schlimm. Doch die **grundrechtsschonenden** Eingriffe, die die Bundesregierung so plant, sind alles andere als klein und schonend und auch nicht schnell wieder vorbei und vergessen. So gehört dazu zum Beispiel die → **Vorratsdatenspeicherung**, die besser Personendatenhortung oder Kommunikationsüberwachung hieße. Wenn also irgendjemand anfängt, etwas als **grundrechtsschonend** zu bezeichnen, sollte man zügig das Bundesverfassungsgericht anrufen. Vgl. auch → **freiheitsschonend**.

Handlungsfähigkeit

Die **Handlungsfähigkeit** ist ein Pleonasmus, eine sinnlose Doppelung also. Denn entweder ist man fähig zu handeln, handelt also – oder eben nicht. Der Satz, irgendjemand beweise seine **Handlungsfähigkeit**, sollte daher stutzig machen. Denn er deutet wie so viele politische Wortschöpfungen auf etwas hin. In diesem Fall auf einen Mangel. Pleonasmen können die Funktion haben, einen Ausdruck zu verstärken. Rückstau ist so ein Beispiel oder auch Bauchgefühl. Und darum geht es hier. Wäre ein Politiker bekannt für seinen Willen und seine Fähigkeit, Dinge zu ändern, dann handelte er und müsste nicht darüber reden, was er demnächst alles anpacken möchte. Auch dass ständig jemand tönt, er könne die **Handlungsfähigkeit** wiedergewinnen, wenn er nur dieses oder jenes bekäme – meistens Geld –, deutet in diese Richtung. Besteht doch die nicht unerhebliche Chance, dass die **Handlungsfähigkeit** nur deshalb zum Popanz erhoben wird, weil niemand handelt. Ja vielleicht sogar niemand handeln möchte. Immerhin ist es riskant, etwas zu tun, denn es birgt die Gefahr, hinterher zur Verantwortung gezogen zu werden. Viel sicherer ist es, die Regel des Beamtenmikados zu beherzigen: Wer sich zuerst bewegt, hat verloren. Die **Handlungsfähigkeit** ist damit so etwas wie der Totmannknopf der Politik. Wer ständig auf ihn drückt, zeigt, dass er noch lebt – ohne dass er dafür wirklich etwas tun müsste. Vgl. auch Handlungsbedarf. Der wird gern »gesehen«, ohne dass eine Reaktion erfolgt. Was soviel heißt wie: Wir würden ja gern, aber leider, leider können wir nicht. Oder sind zu borniert, das Problem zu erkennen.

Harmonisierung

Harmonia, die: Griechisch für Zusammenfügung, siehe auch die gleichnamige Göttin der Eintracht. Als erstrebenswert geltender Zustand, mit dem Symmetrie, Wohlklang und Abwesenheit von Konflikten assoziiert sind. Die davon abgeleitete **Harmonisierung** nutzt die positive Konnotation zur euphemistischen Umschreibung einer Zwangsangleichung auf niedrigstem gemeinsamen Niveau. Beispielsweise bei der Vereinheitlichung europäischer Vorschriften. Gesellschaftliche Errungenschaften, die in einem Land erzielt wurden, können mit der Begründung abgeschafft werden, woanders gebe es sie auch nicht. Das Ganze als **Harmonisierung** zu verkaufen, zeugt schon von Dreistigkeit. Bezeichnenderweise stellte sich bei den betroffenen Bürgern keine Harmonie ein. Vielleicht sollte sie das aber auch gar nicht, denn das erklärte Ziel der **Harmonisierung** in Europa ist nicht, das Zusammenleben der Menschen unkomplizierter zu machen. Sie soll vielmehr dazu führen, »Störungen im gemeinsamen Markt zu vermeiden«. Da diese Zwangsnivellierung dann doch eher zu Widerstand führt, werden inzwischen nur noch Mindeststandards festgelegt. Wer mehr als diese anbietet, kann das nun tun. Was zeigt, dass schöne Worte manchmal nicht genügen, um eine unschöne Idee zu verkaufen.

Hochfrequenzhandel

Was für ein Wort! Das klingt so herrlich nach Elektrifizierung und Fortschritt, nach Moderne und Zukunft. Das kann doch nichts Schlechtes sein. Nun ja. Eigentlich beschreibt es einen ziemlich üblen Trick, den Banken nutzen, um sich bei Aktiengeschäften einen Vorteil zu verschaffen. Große Computer analysieren dabei, was normale Händler ordern, und wetten innerhalb von Millisekunden mit ihnen oder gegen sie. Noch bevor also der Auftrag eines Aktienhändlers abgeschlossen ist, haben die Rechner dieser Banken den Auftrag analysiert und die gleichen Aktien gekauft. Sekundenbruchteile später verkaufen sie diese wieder und profitieren so von der geringfügigen Preissteigerung, die die ursprüngliche Order des Händlers ausgelöst hat. Im Zweifel sind es nur Bruchteile eines Cent, doch können die Rechner in einer Sekunde Millionen solcher Geschäfte abwickeln, so sammelt sich schnell viel Geld. Das ist tatsächlich ein Handeln mit hoher Häufigkeit, lateinisch *frequentia* und daher nicht wirklich ein falsches Wort. Jedoch eines, das zusammengezogen zur Hochfrequenz eher auf die Elektrotechnik und damit in eine falsche Richtung weist. Und es ist ein Wort, das ein zweites wesentliches Merkmal des Zaubertricks zu erwähnen vergisst: die Autonomie. Menschen haben auf den Handel nur insoweit Einfluss, als sie die Programme und Algorithmen dafür schreiben. Alles andere macht der Computer. Weshalb der **Hochfrequenzhandel** durchaus als Euphemismus gelten kann. Dass er umstritten ist und möglicherweise verboten werden könnte, wundert Sie jetzt nicht mehr wirklich, oder?

innehalten

Angesichts dramatischer Ereignisse äußern Politiker gerne den Wunsch, die Welt möge doch bitte **innehalten**, sie möge also »pausieren«. Denn nichts anderes bedeutet das Wort. Immerhin, so die Begründung, könne man nach einer Katastrophe doch nicht einfach »zur → **Tagesordnung** übergehen«. Könnte man schon, es schickt sich aber nicht. Wirkte es doch, als nähme der betreffende Politiker das Attentat oder das Zugunglück nicht ernst genug. Noch besser wäre es selbstverständlich, etwas an den Ursachen zu ändern, so dass ein solches Attentat oder Zugunglück nicht wieder geschieht. Da Handeln jedoch meist mühsam und vor allem teuer ist, wird alternativ kurz innegehalten. Das wirkt wohlerzogen, ein wenig Besinnung hat schließlich jeder gern, nicht nur zu Weihnachten. Dabei ist es so nicht gemeint. Denn Besinnung beinhaltet Ruhe. Der Aufruf zum **Innehalten** ist also die geschickt versteckte Aufforderung, jetzt bitte nicht weiter über das zugrunde liegende Problem zu diskutieren. Übersetzt heißt **innehalten**, dass derjenige, der es fordert, alles lieber täte, als etwas zu ändern, dass es ihm völlig genügt, kurz der Opfer zu gedenken. Anschließend möge bitte weiter gemacht werden wie bisher.

Insolvenz, geordnete

Eine Insolvenz geordnet, daher in kalkulierbaren Schritten und ohne Durcheinander abzuwickeln, dürfte in etwa dem Vorhaben entsprechen, ohne Hilfsmittel zu fliegen. Immerhin wird eine Insolvenz regelmäßig hervorgerufen durch Misswirtschaft und somit chaotische Umstände und zeichnet sich durch die Unfähigkeit aus, die eingegangenen (Zahlungs-)Versprechen einzulösen. Der erste Schritt eines Insolvenzverwalters besteht daher stets darin, das Chaos so weit zu ordnen, dass er zumindest einen vagen Überblick bekommen kann, wie viel noch da ist und wie viel von wem gefordert wird. Rhetorisch darf eine **geordnete Insolvenz** daher getrost als Synekdoche gelten, als Begriffsverschiebung: Hier wird für das hoffentlich geordnet ablaufende Insolvenzverfahren das Wort Insolvenz eingesetzt, das eigentlich so viel wie »Zahlungsunfähigkeit« bedeutet. Das Warum für diese Verschleierung ist offensichtlich: Wenn ein Minister beispielsweise davon spricht, »erhebliche Steuermittel« seien bei der **geordneten Insolvenz** des Opelkonzerns »gut angelegt«, dann will er beruhigen. Er will das Gefühl vermitteln, dass nichts schiefgehen kann. Noch viel mehr, wenn es bei einer **geordneten Insolvenz** gar um komplette Staaten oder ganze Währungen geht. Nur Nebenbei: Das Adjektiv »geordnet« kommt aus dem Kriegswesen: Dort soll der »geordnete Rückzug« suggerieren, die heillose Flucht sei gar keine. So etwas nennt man falsche Hoffnungen schüren beziehungsweise lügen.

Integrationsverweigerer

Integration geht auf das lateinische Adjektiv *integer* für »ganz« oder »rein« zurück, das es auch als deutsches Fremdwort gibt. Zum Beispiel als Bezeichnung für eine aussterbende Art von Politikern. In der Soziologie nun bekam der zuvor schon in anderen Disziplinen geläufige Terminus die Bedeutung »(Wieder-)Herstellung eines gesellschaftlichen Ganzen« aus verschiedenen Teil- oder Parallelgesellschaften. Vertreter einer anderen nicht aussterbenden Art von Politikern wollen diese Ganzheit herstellen, indem sie die von ihnen als **Integrationsverweigerer** oder gar als Integrationsmuffel bezeichneten Menschen zwingen, sich anzupassen. Sie sollen »Integrationskurse« besuchen und »Integrationsregeln« erlernen. Tun sie das nicht, sollen sie sogar bestraft werden können. Der korrekte Ausdruck dafür wäre Unterwerfung, doch geht es nicht nur um eine falsche Benennung. Es stellt sich die Frage, wer hier der eigentliche Muffel ist? Immerhin drückt diese Forderung aus, dass Integration nur in eine Richtung zu funktionieren hat, dass wir hierzulande von Fremden nichts lernen wollen und nichts lernen können. Moment mal! Wollten wir nicht eine offene Gesellschaft? Steht nicht im Grundgesetz, jeder habe das Recht »auf die freie Entfaltung seiner Persönlichkeit«, solange er sich an die Gesetze hält? Und meint Integration nicht eigentlich die Mühe aller, mit fremden Dingen zurechtzukommen? Wer also ist hier der **Integrationsverweigerer**? Nur nebenbei: In der Psychoanalyse spricht man von Projektion, wenn das eigene (Fehl-)Verhalten anderen angekreidet wird.

intelligent

Die Intelligenz hat ihren Ursprung im lateinischen *intellegere* »verstehen«, eigentlich: »zwischen [den Zeilen] lesen«, und ist eine Eigenschaft, die (bislang) allein dem Menschen zugeschrieben wurde, dem *homo sapiens* (»wissender Mensch«). Dann kamen Ingenieure und Informatiker und setzten sich das Ziel, menschengleiche Maschinen zu bauen und menschliches Denken nachzuahmen, und nannten es metaphorisch »Künstliche Intelligenz« (KI). Das kann man machen. Zum Unfug wurde es, als PR-Abteilungen über den Begriff stolperten und die Idee hatten, mit ihm allen möglichen Kram zu vermarkten, der nicht einmal annähernd »zwischen den Zeilen lesen« kann: Stromnetze, Speicherkarten, Telefone, Grenzkontrollen, Sozialkürzungen und sogar Bomben. All diese Dinge sind nach menschlichen Maßstäben dumm wie ein Stück Holz, weshalb es sich dabei höchstens um eine Meta-Metaphorik handeln kann, sozusagen eine Metaphorik zweiter Ordnung. Die Motivation ist nachvollziehbar, die Sachen sollen irgendwie peppiger wirken als ihre Vorgänger, da sie tatsächlich irgendetwas besser können als diese. Aber schlaue Bomben? Die Dinger merken sich eine Geokoordinate, mehr nicht. Könnten die »verstehen«, würden sie beidrehen und ihre Erfinder zu treffen versuchen.

Intensivtäter

Im American Football gibt es eine sogenannte *Two-Minute Warning*. Der Schiedsrichter weist zwei Minuten vor dem Abpfiff daraufhin, dass das Ende des Spiels gleich erreicht ist. In politischen Reden gibt es eine solche Warnung leider nicht, dabei wäre sie beim **Intensivtäter** durchaus angebracht. Denn das Adjektiv in diesem Kompositum steht nahezu am Ende einer ganzen Kette von Steigerungen. Aus dem Täter wird dabei zunächst ein Rückfalltäter. Der Ausdruck lässt noch offen, wie oft der Betreffende rückfällig geworden ist, ein Rückfalltäter ist er wohl ab dem ersten Rückfall. Der Wiederholungstäter geht da schon weiter und weist auf eine gewisse Regelmäßigkeit hin. Doch scheint auch dieser Begriff noch nicht genug Bedrohungspotenzial zu besitzen, denn Politiker haben sich den **Intensivtäter** ausgedacht. Der ist also ein Krimineller, der etwas nicht nur regelmäßig, sondern auch noch sehr häufig wiederholt. Oder sehr gründlich? Oder besonders eindringlich? Auch das kann »intensiv« immerhin heißen. Wir wissen es nicht, denn das Erstglied intensiv steigert quantitativ und qualitativ. Was wir jedoch wissen, ist, dass sich der Täter auf diese Art nur noch ein Mal steigern lässt. Zum Intensivsttäter. Danach ist Schluss, und diejenigen, die nach einem Weg suchen, Kriminalität schlimmer erscheinen zu lassen als sie ist, vgl. auch → **Kriminalität, schwerste**, müssen sich nach einem neuen Unsinnswort umsehen.

Intensivtierhaltung

Um es linguistisch korrekt auszudrücken: Bei Substantivkomposita mit einem Adjektiv als Erstglied ist Vorsicht angebracht. Denn diese Konstruktion wird im Deutschen gern zum Täuschen verwendet. In unserem Beispiel nun werden Tiere gehalten, befinden sich also aus ökonomischen Gründen in einem von Menschen kontrollierten Umfeld. Die Bedürfnisse der Tiere spielen in diesem Zusammenhang eine dementsprechend kleine Rolle, es geht vor allem um die

Bedürfnisse von uns Menschen, so viele Tiere wie möglich so lange wie nötig am Leben zu erhalten, um sie letztlich zu töten und zu essen. Das Ganze geschieht dann auch noch – Achtung, jetzt kommt das adjektivistische Erstglied – »intensiv«, also ganz besonders gründlich. Die **Intensivtierhaltung** also ist der verschleiernde Begriff für den Versuch, Tiere im industriellen Maßstab »herzustellen«, was nur möglich ist, wenn ihre natürlichen Verhaltensweisen ignoriert werden. Im Zweifel nenne man uns → **Fortschrittsverweigerer**, aber angebrachter wäre dafür die Bezeichnung Tierquälerei. Stünde das allerdings auf der bunten Verpackung im Laden, würde das Fleisch wohl niemand mehr kaufen, geschweige denn essen. Auch wir nicht. Was zeigt: Wir betrügen uns gerne mal selbst und wollen gar nicht so genau wissen, was hinter bestimmten Begriffen steckt. Schade eigentlich. Vor allem für die intensiv Gehaltenen.

Internetcommunity

Falsche Übertragung des englischen Ausdrucks *Online-Community*. Bezeichnet dort Plattformen im Netz, auf denen sich Menschen treffen und austauschen, beispielsweise ein Forum, ein Weblog oder eine Mailingliste. Mit Online-Communities existiert eine Pluralform, was nur folgerichtig ist, immerhin wird der Begriff ursprünglich im Sinne von »kleinen Gemeinschaften« verwendet. Vgl. althergebrachte Communities wie beispielsweise Dörfer. Die **Internetcommunity** hingegen will die Gesamtheit aller Internetnutzer bezeichnen, derzeit also etwa 1,7 Milliarden Menschen, beziehungsweise auf Deutschland bezogen noch immer schätzungsweise 50 Millionen. Aus der Sicht jener, die diesen Begriff, aber nicht das Internet nutzen, mag das eine sektenartige, geschlossene Gemeinschaft sein, die sich einer fremden und seltsamen Kulturtechnik bedient und gefährlichen Ritualen folgt. Eigentlich ist die **Internetcommunity** aber nur eine schwachsinnige Sammelbezeichnung und Ausdruck für den hilflosen Versuch, eine nicht näher definierte Menge von Menschen zu etikettieren, die Dinge tun, die man selbst nicht versteht. Diejenigen, die in irgendeiner Form das Internet nutzen, als **Internetcommunity** zu bezeichnen, ist in etwa so sinnvoll, wie die Gesamtheit der Radiohörer, Radiosender und Radiomitarbeiter als »Radiocommunity« anzusprechen. Das im Deutschen gern synonym verwendete »Netzgemeinde« fügt dem noch eine unpassende religiöse Komponente hinzu, die an Schmähung grenzt.

Jobcenter

Können als missglückter Versuch gelten, die wohl trübsinnigste und ungeliebteste Institution der Marktwirtschaft aufzupeppen und gleich noch ein wenig effizienter, Verzeihung, billiger zu machen: das bis dahin so genannte Arbeitsamt. Das Center-Unwesen verhunzt ja schon länger unsere Sprache und unser Leben, ob es sich nun um Läden (Shopping Center) oder um Toiletten (WC-Center) handelt, die selbstverständlich alle keine Zentren von irgendetwas sind. Und wie so oft, wenn jemand mit einer fremden Sprache protzen oder wie hier verschleiern will, kehrt sich der Begriff gegen ihn selbst. Denn nimmt man **Jobcenter** wörtlich, eröffnen sie mehr Wahrheit, als sie wohl eigentlich sollen und sind sozusagen unfreiwillig ehrlich. Denn Jobs haben mit der guten alten Arbeit nicht viel zu tun, sie sind etwas Kurzes, etwas, das man für Geld erledigt, ohne Spaß daran zu haben und Sinn darin zu sehen. Übersetzt man das englische Kompositum aber, das man auf Englisch übrigens nicht zusammenschriebe, werden es Arbeitszentren. Das klingt zwar irgendwie fleißig, ist aber eine glatte Lüge. Arbeit gibt es dort nur für die, die im **Jobcenter** angestellt sind und deren hauptsächliche Aufgabe es ist, die Arbeitslosigkeit zu verwalten.

Jugendmedienschutz-Staatsvertrag

Bei diesem Gesetzeswerk, offiziell abgekürzt als JMStV, offenbart schon der Titel, dass es sich wohl um Blödsinn handelt. Ginge es dem **Jugendmedienschutz-Staatsvertrag** – wie er vorgibt – um den Jugendschutz in Massenmedien, müsste das Ding Jugendschutz-Medienstaatsvertrag heißen. Jugendmedienschutz aber meint eher den Schutz von Jugendmedien, also den Schutz beispielsweise der »Bravo« vor wem auch immer. Vielleicht auch den Schutz der Medien vor der Jugend. Den es nicht braucht, da die Jugend sich nicht für die klassischen Medien interessiert. Dass es diesem Ding gar nicht um die Umsetzung des Jugendschutzes in Medien geht, zeigt dann die Lektüre des Entwurfes selbst. Denn der beschäftigt sich vor allem mit dem Internet beziehungsweise mit den deutschen Betreibern von Internetangeboten und dem eher verzweifelten Bemühen, diese Angebote auf die gleiche Art zu regulieren wie Radiosender. Womit dann auch endlich der kryptische Titel klar wird. Denn der **Jugendmedienschutz-Staatsvertrag** betrachtet das Internet als Massenmedium wie Zeitung und Fernsehen. Dem gleichen Geist entspringt die Bezeichnung von Smartphones als → **Empfangsgeräte, neuartige**, oder die Aussage, bei Twitter handele es sich um ein Rundfunkangebot. Sämtlich Neusprech, geboren aus dem hilflosen Bemühen, ein neues Phänomen zu verstehen und zu benennen. Dass so etwas nicht funktionieren kann, bewies der **Jugendmedienschutz-Staatsvertrag** eindrücklich. Der Gesetzentwurf scheiterte.

just in time

Einer der Wunderbegriffe heutiger Wirtschaftstheorien. Klingt nach wahnsinniger Geschwindigkeit, ja nach einem Schlaraffenland, in dem alles stets verfügbar ist. Als würde jedes Ding, das sich jemand erträumt, sofort herbeischweben. Die offizielle Übersetzung dafür lautet »bedarfsorientiert«: Produziert wird erst, wenn es gebraucht wird, denn Lager sind teuer. Allerdings haben Lager durchaus den einen oder anderen Vorteil. Den bemerkt, wer schon einmal versucht hat, im Winter einen Schneeschieber zu kaufen. Oder wer in einem Flugzeug saß, das nicht starten konnte, da Enteisungsmittel gerade knapp war, oder im Stau steckte, weil der Räumdienst kein Salz mehr auftreiben konnte. Wörtlich übersetzt heißt der englische Ausdruck »gerade noch rechtzeitig«. Wobei selbst das schon ein leeres Versprechen ist, kommt das dringend Gebrauchte doch im Zweifel erst, wenn man es längst nicht mehr benötigt. Insofern ist **just in time** eigentlich *out of stock*, also derzeit nicht vorhanden und damit eine Antiphrase. Irgendwie wurde dieser für die gesamte Gesellschaft teure Nachteil des Konzeptes vergessen, als die Verfechter sich den Nutzen ausrechneten, den sie davon haben. Wahrscheinlich waren die Taschenrechner gerade ausgegangen. Oder die Gehirne.

K

kapitalmarktfähig

Ein Unternehmen, das hohen Gewinn zu erzielen verspricht, ist **kapitalmarktfähig**, gern auch sportlich »fit für die Börse« genannt, was noch gesünder klingt. Die Gewinnmaximierung ist bislang ja das A und O, auch wenn dem einen oder anderen inzwischen aufzugehen scheint, dass Gier vielleicht nicht der beste Motor des Fortschritts ist. Vgl. beispielsweise → **Obsoleszenz, geplante.** Doch wir schweifen ab. Hier geht es um Firmen und das Ideal, sie auf **Kapitalmarktfähigkeit** »zu trimmen«. Denn das wahre Glück ist nicht, eine solide Geschäftsidee zu haben und damit ein stabiles Unternehmen aufzubauen. Das wahre Glück ist offensichtlich, die Weltherrschaft zu erringen, üblicherweise Expansion oder → **Wachstum** genannt. Das nötige Geld gibt es, wenn jeder auf den Erfolg oder Misserfolg der Firma wetten darf. Der Platz, an dem das geschieht, ist eben jener Kapitalmarkt – hochgestochen für Geldhandel oder Börse. Die Probleme nun beginnen, wenn ein Unternehmen vor allem dadurch **kapitalmarktfähig** werden soll, dass an jeder Ecke gespart wird (Ausnahme Vorstandsbezüge). Denn dabei geschieht es nicht selten, dass die → **Kostendämpfung** auch an falscher Stelle verordnet wird, bei der → **systemrelevanten** Instandhaltung des einzigen Produktes etwa. Dass dies letztlich dazu führt, dass das Unternehmen alles andere als **kapitalmarktfähig** wird, mag man als Unfall betrachten. Eigentlich aber ist es ein Fehler im System. Oder in uns selbst, wie der Berufszyniker Ambrose Bierce schon vor einhundert Jahren wusste, als er schrieb:

»Preis ist der Wert eines Gegenstandes, zuzüglich einer angemessenen Entschädigung für die Abnutzung des Gewissens, die dadurch entsteht, ihn zu erwirtschaften.«

Kaufzurückhaltung

Zurückhaltung ist in unserer Kultur etwas Positives. Wer sich zurückhält, der stellt die eigenen Interessen freiwillig hintenan und lässt einem anderen den Vortritt. Positiv aber ist die **Kaufzurückhaltung** auf keinen Fall gemeint. Sie soll vielmehr regelmäßig Schuld daran sein, wenn Unternehmen nicht so viel verdienen, wie irgendjemand erwartet hatte, und es infolgedessen der Wirtschaft nicht gut genug geht. Das ist einerseits eine interessante Umkehrung der Tatsachen. Denn die → **Endkunden** kaufen ja nicht weniger, weil sie weniger Lust dazu haben. Sie fürchten vielmehr, ihre Arbeit, ihr gespartes Geld, ihr Haus zu verlieren, und halten deswegen ihr Geld zusammen. Insofern ist die **Kaufzurückhaltung** andererseits eine Frechheit. Mit ihr wird die Schuld jenen zugeschoben, die am wenigsten für die Umstände können. All den Politikern und Bankern, die den Begriff verwenden, scheint das durchaus klar zu sein. Sonst würden sie nicht eine so vorsichtige Umschreibung nutzen. Schließlich ist der Vorwurf, der in der **Kaufzurückhaltung** steckt, heftig. Denn das Wort beweist, dass Kaufen im Kapitalismus erste Bürgerpflicht ist und dass Bürger, die sich der **Kaufzurückhaltung** schuldig machen, diese Pflicht verletzen. Wer sich dem Konsum verweigert, wer sich nicht ständig irgendwelchen Kram zulegt, heißt das, der schadet dem System. Vgl. auch → **systemrelevant**. Es gibt Systeme, die Verräter an ihrer Sache einsperren. Soweit ist es hierzulande zum Glück noch nicht.

Kerneuropa

Es wird viel gestritten im vereinigten Europa. Der eine oder andere Staat hat so hohe Schulden, dass kaum noch jemand daran glaubt, er könne sie zurückzahlen. Das macht einer Menge Politikern Angst. Sie wollen sich daher einen → **Rettungsschirm** umschnallen. Der hat sogar eine eingebaute → **Schuldenbremse**. Oder so ähnlich. Beide scheinen aber nicht so richtig zu funktionieren, zumindest gibt es nun den Plan, die so mühsam zusammengklöppelte Europäische Union wieder zu zerlegen. Einige Politiker fordern, der eine oder andere verschuldete Staat sollte aus der EU geschmissen werden. Beziehungsweise unterscheiden jene Politiker geflissentlich zwischen einem **Kerneuropa** und den übrigen europäischen Ländern, die irgendwie nicht im gleichen Maß dazugehören. Es gibt noch andere schöne Wörter in diesem Zusammenhang, wie Fiskalunion, Stabilitätsunion oder Europa der zwei Geschwindigkeiten. Leider wird dabei jedes Mal vergessen zu sagen, wer denn nun dazugehört und wer nicht. Das hat System. Denn das ganze Geschwurbel soll vor allem verschleiern, dass die, denen es besser geht, eine Mauer um sich bauen wollen. Arme Staaten wie Griechenland dürfen beim Euro nicht mehr mitmachen, man wirft sie dem → **Markt** zum Fraß vor. Nur noch reiche Länder sollen Teil der europäischen Währung sein und wollen so ihre Schätze retten. Nett ist das nicht. Die Erfinder dieses **Kerneuropa** haben dabei aber offensichtlich nicht bedacht, wie und wo jenes Europa mal anfing: in Griechenland nämlich. Eine phönizische Königstochter gelangte einst aus Nordafrika dorthin. Ihr Name leitet sich wahrscheinlich vom phönizischen Wort *erob* ab, das vermutlich mit Bezug auf ihre Hautfarbe »dunkel« bedeutet und dann zu *Europa* wurde (was auf Griechisch so viel wie

»weitsichtig« heißt). Damit befindet sich das **Kerneuropa** ziemlich sicher in eben jenem Griechenland, das mancher Politiker gerade gern los wäre.

Killerspiele

Sprachlich sind **Killerspiele** eine Pejoration, der Versuch also, eine möglichst abwertende Bezeichnung für einen Gegenstand zu finden. Das englische *first-person shooter* ist im Vergleich dazu neutraler, auch das im Deutschen gebräuchliche und daran angelehnte *Ego-Shooter* vermeidet eine Wertung. Die Bezeichnung als **Killerspiele** jedoch soll wertend sein, sie soll Abscheu und Verachtung für Computerspiele ausdrücken, die Gewalt thematisieren. Sie ist ein Beispiel für gezielt negative PR, um eine Gruppe von Menschen zu kriminalisieren; beziehungsweise eigentlich, um gesellschaftliche Probleme zu kaschieren. Dabei aber zeigt sich darin nur Unverständnis und Ignoranz. Denn konsequenterweise müsste auch von Killerfilmen und Killerbüchern gesprochen werden. Doch taugen Thriller und Krimis nicht, um von den Ursachen sogenannter Schulmassaker abzulenken. Computerspiele hingegen, die Vielen aus Unkenntnis noch immer als fremd und bedrohlich erscheinen, lassen sich prima missbrauchen, um über fehlende Perspektiven, nicht vorhandene Bildungschancen oder zusammengekürzte Jugendarbeit hinwegzutäuschen – um nur einige Gründe für jugendliche Gewalt zu nennen. Daher ist es auch mindestens grob fahrlässig, wenn Politiker die **Killerspiele** als eine der Ursachen von Gewalt anführen. Wäre es doch ihre Aufgabe, die eigentlichen Probleme zu nennen und zu bekämpfen.

Kirche (im Dorf lassen)

Die Redensart wird als Aufforderung verstanden, nicht zu übertreiben. Sie geht auf das Bild einer Dorfprozession zurück. Kirche bedeutet hier so viel wie Gemeinde: Wenn die Gemeinde eine große Prozession veranstaltet, dann zieht sie in der Regel um das Dorf. Die Redensart mahnt also die artigen Bürger, das Dorf und damit den Bereich des Bekannten nicht zu verlassen. In der politischen Diskussion erfüllt die Floskel damit eine ähnliche Funktion wie die Aufforderung nach → **Versachlichung**: Sie wird verwendet von Leuten, denen zu den Argumenten der Gegenseite keine inhaltliche Entgegnung mehr einfällt. Ein »Totschlagargument« also, das zum Ende der Diskussion auffordert. Es darf daher davon ausgegangen werden, dass, wer es gebraucht, argumentativ die schwächere Position innehat, vielleicht sogar im Unrecht ist.

Klimaskeptiker

Ein **Klimaskeptiker** ist kein Skeptiker. Er hat mit der gleichnamigen Schule der antiken Philosophie und ihren Ideen nichts zu tun. *Skepsis* ist auf Griechisch die »(genaue) Betrachtung« und damit die »Prüfung«. Somit sind Skeptiker Menschen, die Informationen kritisch und womöglich mit wissenschaftlichen Methoden überprüfen. Die **Klimaskeptiker** jedoch prüfen nicht, sie ignorieren und leugnen Informationen. Zwei Gruppen von ihnen gibt es. Die erste leugnet, dass die Menschen die Erderwärmung verursacht haben. Was dumm ist, denn natürlich spielen Menschen, die die gesamte Natur beeinflussen, auch bei diesem Phänomen eine Rolle. Die Frage ist lediglich, wie groß der menschliche Einfluss ist. Die andere Gruppe leugnet die Folgen der Erderwärmung. Das ist auch nicht schlauer, da der steigende Meeresspiegel und andere Klimakatastrophen ja allenthalben sichtbar sind. Die erste Gruppe kann daher getrost als Klimawandelursachenleugner, die zweite als Klimawandelfolgenleugner bezeichnet werden. Zugegeben: beide Wörter sind etwas sperrig. Der **Klimaskeptiker** aber ist eine Antiphrase, denn die Leugner verschließen ihre Augen vor Problemen – von einer genauen Betrachtung kann daher keine Rede sein.

koalitionsfähig

Klingt wie eine Grundbedingung menschlicher Zusammenarbeit. Wer nicht bereit und in der Lage ist, eine Koalition zu schließen, also eine Verbindung zu einem bestimmten Zweck einzugehen, sei es zur Kinderaufzucht oder zum Staatenlenken, der wird nie einen Partner finden. Eigentlich sollte die **Koalitionsfähigkeit** also der Normalzustand politischer Arbeit sein, schließlich wollen die Beteiligten möglichst viele Menschen vertreten. Ist sie aber nicht. Denn es geht nicht um Zusammenarbeit und Kompromiss, gemeint ist etwas anderes. Der Ruf nach **Koalitionsfähigkeit** ist die Aufforderung des vermeintlich Stärkeren, dass alle, die etwas von ihm wollen, ihre politischen Positionen aufzugeben haben. Beziehungsweise bedeutet der Vorwurf, nicht **koalitionsfähig** zu sein, dass der Angesprochene sich weigert, sich unterzuordnen. Denn die **Koalitionsfähigkeit** ist nicht die Fähigkeit zur Kooperation. Sie ist eine politische Unterwerfungsgeste, die der Logik folgt, dass einer eben mehr Stimmen bekommen hat als die anderen. Der militärische Ausdruck dafür wäre Kapitulation. Synonyme für

koalitionsfähig sind → **konsensfähig** oder → **kompromissfähig**.

Kollateralschäden

Bezeichnet werden damit Schäden, die als unbeabsichtigte Effekte des Einsatzes von Waffen in einem → **Krieg** auftreten. Das Erstglied des Kompositums geht auf den lateinischen Ausdruck *collateralis* »benachbart, neben-« zurück. Die Schäden geschehen somit »nebenher«. Das Zweitglied entfernt die Vorstellung des Zuhörers noch ein Stück weiter von der Realität, denn es ist eine Entpersonifizierung oder Verdinglichung – mit den Schäden immerhin sind nicht kaputte Straßen gemeint, sondern kaputte Menschen, Tote und Verletzte also. Auf Deutsch werden diese gelegentlich Begleitschäden genannt. Das ist auch nicht schön, doch machen sich Fremdwörter noch viel besser, wenn es darum geht, Zusammenhänge zu verschleiern. Der Zweck ist klar, die Verursacher solcher **Kollateralschäden** wollen diese Toten einerseits als unvermeidlich und andererseits als nicht wichtig verstanden wissen. Es kann daher angenommen werden, dass der Terminus **Kollateralschäden** verwendet wird, um die Meinung über den Krieg und seine Folgen zu manipulieren. Die häufige Verwendung von **Kollateralschäden** im Plural verstärkt den Eindruck noch. Denn er hat wie so oft auch hier eine abschwächende Wirkung. Im Zusammenhang mit den **Kollateralschäden** wird außerdem gern von → **chirurgischer Kriegsführung** geschwafelt, die behauptet, eben jene Schäden zu verhindern. Womit aus der Verschleierung glatt eine Lüge wird.

Kompetenzzentrum

Das **Kompetenzzentrum** ist ein regelrechtes Bündel an sprachlicher Renommiersucht. Wer kompetent ist, der kann was. Wie gut muss dann erst das **Kompetenzzentrum** sein, wo sich offenbar haufenweise Kompetenz konzentriert? Doch halt, in dieser Wortkonstruktion heißt Kompetenz etwas anderes. Sie ist nämlich polysem, kann also mehrere Bedeutungen haben: einerseits »Fähigkeit«, andererseits aber auch »Befugnis« und »Zuständigkeit«. Letztere ist übrigens die ursprüngliche Bedeutung. Denn das lateinische *competentia* bezeichnete die Einkünfte der Bürger, aus denen sich die Höhe der zu zahlenden Steuern errechnete. Da mehr Steuern zahlen hieß, auch mehr Verantwortung für das Gemeinwesen zu tragen, im Krieg beispielsweise ein Pferd zur Verfügung zu stellen, entwickelte sich die Bedeutung »Zuständigkeit«. Daraus wurden im Verwaltungssprech irgendwann die Kompetenzen (meistens im Plural) einer Behörde, also deren Zuständigkeiten. Erst später kam die Bedeutung »Fähigkeit« hinzu. In dieser wird das Wort vor allem in der Wissenschaft verwendet, in der Linguistik, der Psychologie oder der Pädagogik. Von dort war es dann nur noch ein kleiner Schritt in die Umgangssprache, wobei sich der Begriff dabei noch weiter verschob. Aus der einfachen »Fähigkeit« wurde dabei eine besonders gute Leistung. Das **Kompetenzzentrum** nun ist eine Einrichtung, in der die einzelnen Zuständigkeiten verschiedener Verwaltungen gebündelt werden. Wer das **Kompetenzzentrum** als besonders schlaue Einrichtung missversteht, hat das entweder nicht verstanden oder möchte gern ein wenig mit seiner Kompetenz angeben.

Konfliktpartei

Ein Beispiel aus dem Sprachsumpf, der die Themen Kampf, Krieg und Tod umgibt. Die **Konfliktpartei** klingt nicht schlimm und irgendwie zivilisiert, denn sie kommt so schön juristisch daher. So als ginge es um eine rechtsstaatliche Auseinandersetzung vor einem Gericht. Oder um ein Problem zwischen zwei → **Partnern**, das sie beim Familientherapeuten klären. In diesen Zusammenhängen zumindest sind wir die Verwendung des Wortes gewohnt. Seine Etymologie ist jedoch ein wenig gewalttätiger. Es kommt vom lateinischen *conflictus*, dem Partizip des Verbs *confligere*, das als »aufeinandertreffen, zusammenstoßen«, aber auch als »kämpfen« übersetzt wird. Und so stehen sich die von der Politik gemeinten **Konfliktparteien** denn auch mit Waffen in der Hand gegenüber und tauschen nicht Worte aus, sondern Granaten und Kugeln. Denn **Konfliktparteien** sind eigentlich Kriegsgegner. Wollen also Politiker, die die **Konfliktparteien** im Munde führen, den Begriff seiner ursprünglichen Bedeutung näherbringen und ihn wieder als echten Kampf verstanden wissen? Möglich, aber unwahrscheinlich. Sie sind wohl eher daran interessiert, ihn als Euphemismus zu missbrauchen. Denn → **Krieg** ist ein Ausdruck, den Politiker meiden wie der Teufel das Weihwasser. Ein »Konflikt« klingt da viel unverfänglicher, und »Parteien« erscheinen wie Gruppen, die widerstreitende Interessen diskutieren. Dabei sind es Gegner, die sich mit aller Gewalt bekämpfen. Die unterlegene **Konfliktpartei** hat daher auch keine Chance auf Berufung, sie ist im Zweifel tot.

Konsolidierung

Wir normalen Menschen schätzen es durchaus, wenn sich gerade mal nichts verändert, wenn beispielsweise die Miete gleich bleibt, der Körper nicht ziept und das Auto jeden Morgen klaglos anspringt. In Wirtschaft und Politik wird da allerdings anders gedacht. Dieser Zustand der Zufriedenheit ist den Beteiligten zuwider, sie haben ständiges Wachstum zum Allheilmittel für Probleme erkoren, seien es Arbeitslosigkeit oder zu hohe Schulden. Veränderung ist das Ziel. Diese Medizin hat eine Nebenwirkung, Stillstand ist plötzlich nichts mehr, das Ruhe und Erholung verspricht, Stillstand ist nun ein Rückschritt. Daher braucht es neue Begriffe, um ihn zu kaschieren, wenn er denn doch mal eintritt. Die **Konsolidierung** erledigt das zuverlässig. Das lateinische Adjektiv *solidus* heißt »fest, ganz, vollständig«. Davon leitet sich das Verb *consolidare* ab, dessen deutsche Entsprechung *konsolidieren* ist. Es bedeutet so viel wie »etwas festmachen, festigen«. Die **Konsolidierung** ist eine Substantivableitung davon, ein sogenanntes Handlungssubstantiv oder Nomen actionis. Da wird etwas verfestigt, wird also stabiler als zuvor. Das mag noch ganz gut klingen, wenn der Kurs einer Aktie sich mal für einen Tag weder nach unten noch nach oben bewegt, wenn also streng genommen gar nichts passiert – auch wenn es Unsinn ist. Geht es allerdings um den Haushalt des Staates, wird das Wort zum Problem. Dort ist der sonst verhasste Zustand der Ruhe auf einmal erwünscht, steigen die Schulden doch seltsamerweise immer weiter, trotz → **Schuldenbremsen** und Sparversprechen. Wer allerdings in diesem Zusammenhang eine **Konsolidierung** fordert, erhält nichts Solides. Denn im Finanzwesen versteht man darunter die Umwandlung kurzfristiger Kredite in langfristige. Die Schulden werden somit zu einem stetigen und dauerhaften Zustand, die **Konsolidierung** ist nur eine Fristverlängerung. Geht es gar um Anleihen und andere → **Finanzprodukte**, meint die **Konsolidierung** das Zusammenlegen einzelner dieser Dinger zu einem neuen Ganzen. Riskante Anleihen werden also nicht etwa zu einer sicheren Geldanlage, sondern nur mit anderen vermischt. Somit ist die **Konsolidierung** nicht nur eine sprachliche Wolke, sondern ein Synonym für die Vernebelung problematischer Finanzpraktiken.

Körperscanner

Beispiel für eine (zumindest zeitweise) gescheiterte Vernebelungsstrategie. Die neutrale Bezeichnung dieser Geräte lautet Terahertzscanner, denn sie nutzen Wellen im Terahertzbereich. Möglicherweise klang das zu futuristisch und Angst einflößend. Das Innenministerium zumindest nannte die Geräte, die die Kleidung von Flugpassagieren durchleuchten sollen, anfangs Body- oder Ganzkörperscanner. Medien dann machten sie angesichts der Bilder, die bei den Scans erzeugt wurden, schnell zu Nacktscannern und sorgten damit für ein vorläufiges Ende des Projekts. Politisch war es unter diesem Namen nicht mehr vermittelbar und wurde 2008 als »Unfug« gestoppt. Bis jemandem die Idee mit den »Strichmännchen« kam. Angezeigt werde nicht mehr der nackte Körper, sondern etwaige Gegenstände würden »auf einer schematischen Personendarstellung wie Strichmännchen dargestellt«, sagte der damalige Innenminister Thomas de Maizière. Der Name, unter dem das Innenministerium sie nun vermarktete, lautete **Körperscanner**. Sie zeigen jetzt zwar gar keine Körper mehr an, es funktionierte aber trotzdem, der Protest blieb aus.

Manchmal wurden sie gar Sicherheitsscanner genannt, wogegen ja nun wirklich niemand etwas haben kann, Sicherheit will schließlich jeder (auch wenn nicht klar ist, wie sich die scannen lässt). Und siehe da, plötzlich war das Nackigmachen wieder okay. Zumindest sprachlich. Technisch funktionierte es nicht so prima, zu viele falsche Alarme, weswegen der Unfug 2011 erneut gestoppt wurde. Da half auch der kreative Umgang mit Sprache nichts. Selbst das Innenministerium musste zugeben: »für den Praxisbetrieb nicht geeignet«.

konsensfähig

Siehe → **koalitionsfähig**.

kompromissfähig

Siehe → **koalitionsfähig**.

Konservatismus, aufgeklärter

Der Konservatismus entstand einst als Gegenbewegung zur Aufklärung. Die nämlich wünschte sich die »Befreiung vom Aberglauben« und, wie es Immanuel Kant formulierte, »die Maxime, jederzeit selbst zu denken«. Der **aufgeklärte Konservatismus** hingegen basiert auf der Idee, dass die menschliche Vernunft, das zentrale Konzept der Aufklärung, unzulänglich ist im Vergleich zu Gott. Seine Erfinder legten dabei durchaus Wert auf ein wenig Dunkelheit, auch wenn das heute lieber als Bewahrung althergebrachter

Werte verbrämt wird. Eine geschickte Umdeutung. Nicht mehr um die Ablehnung alles Neuen geht es den heutigen Konservativen, sondern um den Erhalt von ein wenig Altem. Doch scheint inzwischen auch das nicht mehr zu genügen, um das Konzept attraktiv erscheinen zu lassen. Der gemeine Konservative sieht sich und seine Haltung offenbar nicht mehr ausreichend gewürdigt. Daher hat das Magazin »Der Spiegel« den **aufgeklärten Konservatismus** erfunden. Der Feind wird nun umarmt. Zumindest unterstellt das Magazin, der Verteidigungsminister wünsche sich einen solchen für seine christliche Partei. Es darf als unwahrscheinlich gelten, dass sich das Feindbild der Konservativen gewandelt hat. Denn **aufgeklärter Konservatismus** ist eben nicht aufgeklärt und wird es auch nicht dadurch, dass ihm ein entsprechendes Adjektiv als Attribut zur Seite gestellt wird. Technisch ist das ein Oxymoron. Politisch ist es eine Tarnung, um Menschen zu täuschen. Und ist mindestens ebenso verräterisch wie der → **mitfühlende Liberalismus**, den die FDP ausgerufen hat.

Kostendämpfung

Euphemismus für Kürzung oder Streichung. Die klingen beide weniger nett, weswegen diese Ausdrücke von Politik und Wirtschaft selbstverständlich gern vermieden werden. Die **Kostendämpfung** erinnert hingegen nicht ohne Absicht an einen Stoßdämpfer, ohne den kein Auto in der Spur bleiben würde. Eine sinnvolle Einrichtung zur Milderung eines Übels also. Gleichzeitig hat der Begriff die aus Sicht seiner Verwender schöne Nebenwirkung, dass er denen, die Kosten »verursachen«, ein schlechtes Gewissen zu machen versucht. Den sogenannten → **Arbeitnehmern** zum

Beispiel oder auch jenen, die das staatliche Gesundheitswesen in Anspruch nehmen. Der Ausdruck spiegelt damit die Haltung wieder, dass Kosten schlimm sind und irgendwie gedämpft, also abgefedert werden müssen. Das ist natürlich Blödsinn, denn Kosten sind genau wie Einnahmen Teil wirtschaftlichen Handelns. Zur bodenlosen Frechheit wird der Begriff, wenn er wie eben beim Gesundheitswesen die Tatsache umschreibt, dass Patienten einen Teil der Kosten selbst zu bezahlen haben und/oder weniger für ihre Krankenkassenbeiträge bekommen. Womit die **Kostendämpfung** eher eine Leistungsdämpfung ist.

Kostenloskultur

Die **Kostenloskultur**, gerne auch Umsonst-Mentalität genannt, bedroht angeblich Kultur, Wissenschaft, Journalismus, ja die ganze Welt des → **geistigen Eigentums**. Ist das so? Bedroht das Netz tatsächlich die bestehende Ordnung der Vergütung von Werken? Aber hallo, und wie! Doch wo ist das Problem? Ist diese Ordnung etwa a) perfekt und/oder b) ein Naturgesetz? Nein. Sie war nur der Weg, der bisher irgendwie funktionierte. Nun gibt es andere technische Voraussetzungen. Es braucht also neue Wege. Die müssen gefunden und ausgehandelt werden. Das ist mühsam. Aber es ist noch mühsamer, solange irgendein milliardenschwerer Großverleger von einer angeblichen **Kostenloskultur** faselt und das Bestehende so lange wie möglich konservieren will, statt sich über Neues Gedanken zu machen. Wobei wir kurz anmerken müssen, dass das Gefasel von der **Kostenloskultur** natürlich eine Lüge ist. Kostenlos ist der Kram auf keinen Fall, den Sie im Internet immer so sehen und lesen. Denn Sie bezahlen mit Ihrer

Aufmerksamkeit. Die hätten andere gern, weswegen sie dafür viel Geld ausgeben, in Form von Werbung. Aufmerksamkeit muss also eine valide Währung sein. Die ganze Aufregung um die **Kostenloskultur** ist nur scheinheiliges Gejammer. Immerhin erleben wir die größte deutsche **Kostenloskultur** seit Jahrzehnten in Form des allabendlichen Fernsehbildes. Oder haben Sie schon einmal irgendetwas an Sat. 1 und RTL überwiesen?

kostenneutral

Das lateinische Adjektiv *neutral(is)* entstand aus den Silben *ne-* für »nicht« und *uter* für »welcher von beiden«. Es setzt also zwei Seiten oder Parteien voraus, und zu keiner der beiden soll das Neutrale gehören. Geht es nun um Geld, darf ein Faktor, was immer er sonst bewirkt, nicht dazu führen, dass die Kosten steigen oder fallen, also etwas teurer oder billiger wird, als es derzeit ist. In der Wirtschaft, aus der das Wort kommt, bedeutet es, dass keine zusätzlichen Kosten entstehen. Da dort Dinge gern als wertlos gelten, wenn sie nichts kosten, entstand wohl dieser wichtigtuerische Begriff. Dass Politiker ihn nutzen, wenn sie beispielsweise über eine Verwaltungsreform reden, ist interessant. Denn es gibt in unserer Sprache einen viel stärkeren Ausdruck dafür: kostenlos. Und dass eine → **Reform** nichts kosten soll, klingt für den an einem → **Sparkurs** interessierten Wähler eigentlich besser. Trotzdem wird nahezu immer das schwächere **kostenneutral** verwendet. Wir sehen hier eine interessante Wechselwirkung. Der gemeine Wähler hat gelernt, dass die Kosten politischer Entscheidungen über die Zeit immer steigen, egal was zuvor erzählt wurde. Und offensichtlich hat der gemeine Politiker gelernt, dass ihm die meisten Menschen nicht glauben, wenn er behauptet, etwas sei kostenlos, und nutzt daher den abgeschwächten Begriff. Was aber nichts hilft. Durch den häufigen Gebrauch hat sich auch die Bedeutung von **kostenneutral** bereits verändert, und wenn von »**kostenneutralen** Veränderungen« gesprochen wird, impliziert das für viele Zuhörer eine Kostensteigerung. Was eine logische Folge ist, wenn jemand Dinge sagt, die er nicht meint.

Kreativwirtschaft

Kreativität, schrieb der Schriftsteller und Dummdeutsch-Kritiker Eckhard Henscheid einmal, sei »ein faselndes Laberwort vor dem Hintergrund einer zunehmend schwelenden kollektiven Geisteskrankheit«, vor allem aber sei der Begriff ein Zeichen für »stupide Geltungssucht«. Mit der Neusprechverwendung als **Kreativwirtschaft** nun ist es Politikern und Medienmanagern glatt gelungen, diesem Phänomen noch eine neue Dimension der Schrecklichkeit hinzuzufügen. Ist sie doch ein Euphemismus für gnadenlose Ausbeutung. Denn die sich mit diesem Ausdruck selbst beschreibende Wirtschaft, vulgo die Verlage, ist vor allem kreativ darin, ihren Knechten, den Urhebern, mit undurchschaubaren Vertragsklauseln die ureigenen Rechte abzuhandeln. Ja, sie erfindet sogar noch neue, siehe → **Leistungsschutzrecht**, um die Leistung anderer überall, absolut und für alle Ewigkeit zum eigenen Wohl verwerten und verwursten zu können. Denen, die eigentlich Neues schaffen und erdenken, bleibt angesichts solcher Dreistigkeit nur der Trost, dass eine Geisteskrankheit dieses Ausmaßes irgendwann wohl zum Wegsperren der Befallenen führt.

Krieg

Allgemeingültig und leicht verständlich definiert als eine Auseinandersetzung, die mit Waffen geführt wird. Jedoch gibt es wohl kein Wort, das in der Politik so inständig vermieden, verschwiegen oder umgedeutet wird. Wie kunstvoll die sprachlichen Verrenkungen sein können, demonstrieren deutsche Politiker seit Jahren am Beispiel Afghanistan. Dort werden deutsche Soldaten seit 2001 beschossen und schießen zurück. Sie kämpfen mit Waffen und führen somit einen **Krieg**. In politischen Reden wurde das anfangs als → **Stabilisierungseinsatz** verkauft, dann als friedenserzwingender Einsatz, später als nichtinternationaler bewaffneter Konflikt und schließlich als kriegsähnlicher Zustand. Damit wurden die Gefechte anfangs als etwas Gutes, dann als etwas Begrenztes und schließlich als etwas nicht ganz so Schlimmes dargestellt. Erst 2010, nach neun Jahren und bis zu diesem Zeitpunkt einunddreißig bei Kämpfen getöteten Bundeswehrsoldaten, konnte der damalige Verteidigungsminister die Macht des Faktischen nicht mehr ignorieren und rang sich dazu durch, das Vorgehen einen **Krieg** zu nennen. Fast. Denn wörtlich sagte er, man könne »umgangssprachlich von Krieg reden«. Umgangssprachlich? Also lediglich mit einem laienhaften Verständnis der Zusammenhänge, Fachleute jedoch würden das anders sehen? Welch verzweifeltes Bemühen, die Realität zu leugnen! Der Leitsatz der Propaganda, das erste Opfer im **Krieg** sei die Wahrheit, muss eigentlich lauten: Das erste, was in einem **Krieg** verschwindet, ist die korrekte Benennung desselben.

Kriegsführung, chirurgische

Dass in der **chirurgischen Kriegsführung** tatsächlich von → **Krieg** die Rede ist, ist längst nicht selbstverständlich und darf als Fortschritt gelten. Natürlich geben sich die politischen und militärischen Wortmagier nicht so leicht geschlagen und ergänzen hier das Konzept mit einem wunderschönen Euphemismus, der aus dem dreckigen, brutalen und hinterhältigen Krieg eine saubere, präzise und geradezu heilende Angelegenheit macht. Lediglich ein kleiner, akkurat gesetzter Schnitt sei nötig, um das Problem zu beseitigen, lautet das Versprechen dieser Wortklingelei. Und der werde natürlich, abgesehen von den Übeltätern, niemandem schaden und schon gar keine → **Kollateralschäden** verursachen. Schließlich soll hier nicht wild gekämpft und geschlachtet werden, sondern »geführt«, also überlegt und professionell gehandelt. So viel Wille zur Lüge ist schon beeindruckend. Wer mit Waffen in der Gegend rumballert, riskiert immer, dass Menschen sterben und dass es → **unschuldige Opfer** gibt. Und wer Gewalt gegen jemanden einsetzt, der sich zu wehren bereit ist, der kann noch so viel planen und führen, es wird in Hektik, Kampf und Chaos enden. Von der klinischen Sauberkeit eines Operationssaals kann also keine Rede sein.

Kriminalität, schwerste

Beispiel für eine sinnlose Steigerung über das plausible Maß hinaus, eine sogenannte Hyperbel. Kriminalität ist schon schlimm, niemand mag schließlich gern bestohlen oder betrogen werden. Politikern genügt jedoch die durchaus vorhandene Angst vor »normaler« Kriminalität offensichtlich nicht, wenn sie Eingriffe in Freiheiten und Rechte der Bürger zu rechtfertigen versuchen. Selbst eine schwere Kriminalität reicht dafür anscheinend nicht mehr, es muss schon eine **schwerste Kriminalität** sein, um zu erklären, warum es unbedingt eine → **Mindestspeicherdauer** braucht. Einerseits belegt das, wie dringend sich der Staat solche Überwachungsinstrumente wünscht. Andererseits zeigt es aber auch, wie unsinnig die ganze Forderung ist. Denn da die schwere Kriminalität bereits Taten wie Mord, Vergewaltigung oder Herbeiführung einer Explosion durch Kernenergie umfasst, ist es schwer, sich eine **schwerste Kriminalität** überhaupt vorzustellen. Angesichts der Verfehlungen, bei denen diese Instrumente dann tatsächlich eingesetzt werden sollen, lässt sich nur noch konstatieren, dass bei dem einen oder anderen Politiker eine schwere Verschiebung des Rechtsbewusstseins stattgefunden hat. Anders ist nicht zu erklären, warum beispielsweise das Bundeskriminalamt wünscht, mit unseren ohne Verdacht gespeicherten Kommunikationsdaten, gemeinhin → **Vorratsdatenspeicherung** genannt, auch das illegale Herunterladen von Filmen und Musik zu verfolgen. Das zeigt, wie problematisch Hyperbeln sind und wie gefährlich es ist, seinen Wählern ständig Angst machen zu wollen, um ihnen härtere Gesetze zu verkaufen. Die normale und die schwere Kriminalität mussten schon so oft als Rechtfertigung herhalten, dass sie nicht mehr als Schreckensbild taugen. Was aber kommt nach der **schwersten Kriminalität**, die überschwerste, die → **brutalstmögliche**, die unvorstellbare? Wir werden es wohl leider bald erfahren.

Lackmustest

Malapropismus, also Falschverwendung. Der Begriff stammt aus der Chemie. Dort dient der **Lackmustest** als Indikator für den pH-Wert einer Substanz und zeigt an, ob sich diese eher sauer oder eher basisch verhält. Mit ihm lässt sich also lediglich ein Ist-Zustand demonstrieren. Er ist kein Test, der Zustände nuanciert unterscheiden oder gar Aussagen über die Zukunft treffen kann. Politiker oder Medien, die behaupten, eine bestimmte Handlung sei der **Lackmustest** für eine Partei und lasse zum Beispiel den Schluss zu, wie sie sich demnächst verhalte, verwenden den Begriff nicht so ganz korrekt. Denn es geht beim **Lackmustest** nie um eine Richtungsentscheidung. Mindestens ebenso unsinnig ist die Behauptung, der **Lackmustest** sei ein Test, den irgendein System in irgendeiner Form bestehen müsse. Ein **Lackmustest** kann nicht bestanden werden. Ein politischer **Lackmustest** könnte bestenfalls anzeigen, ob jemand gerade schwarz, rot, grün oder gelb ist. Will man ihn denn unbedingt als Metapher verwenden, dann also höchstens dafür, ob jemand gehalten hat, was er zuvor versprach.

Leichtlohngruppe

Bis vor wenigen Jahren wurde in Tarifverträgen noch zwischen leichter und schwerer körperlicher Arbeit unterschieden, die verschieden entlohnt wurde. In der **Leichtlohngruppe** waren also jene, die sich körperlich nicht so anstrengen mussten und deshalb weniger Geld bekamen. Das waren komischerweise vor allem Frauen. So komisch aber war das gar nicht, denn die **Leichtlohngruppe** wurde überhaupt nur eingeführt, um irgendwie zu rechtfertigen, dass Frauen für die gleiche Arbeit weniger Geld bekommen als Männer. Sie sollte Diskriminierung kaschieren. Daher spielte im Sprachgebrauch eine Schwerlohngruppe auch nie eine Rolle. Diese Lohngruppen verschwinden langsam, der Begriff **Leichtlohngruppe** leider nicht. (Die Diskriminierung von Frauen auch nicht, aber das ist eine andere Geschichte.) Weil es schon einmal so gut funktioniert hat, wird die **Leichtlohngruppe** nun von dem einen oder anderen Politiker recycelt. Dieses Mal jedoch wird die Diskriminierung nicht einmal mehr mit einer angeblich unterschiedlichen Arbeitsbelastung beschönigt. Zur **Leichtlohngruppe** gehören nun einfach jene Menschen, die weniger als das in ihrem Beruf sonst »Übliche« verdienen. Was aus dem Begriff einen Euphemismus für Mindestlohn macht, gern auch als Niedriglohnsektor (→ **Niedriglohngrenze**) bezeichnet. Denn letztlich geht es um Ausbeutung. Der wird damit das Mäntelchen umgehängt, sie habe etwas mit Tarifverträgen zu tun, und es sei völlig in Ordnung, die Leute mies zu bezahlen.

Leistungsschutzrecht

Jeder Urheber hat das Recht, seine Leistung zu schützen. Das ist das sogenannte Urheberrecht. Es entstand in Folge der Französischen Revolution und soll verhindern, dass Verleger in ihrer Profitgier die Schöpfer geistiger Werke ausbeuten. Der Begriff **Leistungsschutzrecht**, den sich Verleger vor einiger Zeit für ein neues Recht ausgedacht haben, das sie sich von der Bundesregierung wünschen, kann daher nur genial genannt werden: klingt er doch wie eine mindestens ebenso berechtigte Forderung. Geschützt aber wird mit dem **Leistungsschutzrecht** nicht etwa die Leistung der Urheber, geschützt werden sollen diejenigen, die mit eben dieser Urheberleistung Geschäfte machen. Siehe auch → **Kreativwirtschaft**. Das **Leistungsschutzrecht** ist somit der Versuch von Mittelsmännern, auch Makler genannt, ihre vergleichsweise geringe Mühe zu vergolden und der einst durch das Urheberrecht beschnittenen Profitgier wieder mehr Raum zu geben. Dabei war schon den Kaufleuten der mittelalterlichen Hanse klar, dass solche Vermittler weniger leisten als die Urheber, und sie drückten es in ihrer Sprache aus. So ist das niederdeutsche *makeln* eine Verkleinerungsform (Diminutiv) des Verbs *maken*, »machen«. Weniger ist mehr, kann man dazu nur sagen und vor so viel Unverfrorenheit entgeistert das schöpfende Haupt schütteln.

Leistungsträger

Positiv soll es klingen, lobend und auf keinen Fall diskriminierend. Jedoch verbirgt sich hinter diesem einen Wort eine ganze Verleumdungskampagne. Denn wo es **Leistungsträger** gibt, da müssen irgendwo auch nichts tuende Schmarotzer herumlungern, oder? Die werden natürlich nicht so genannt, sondern von denen, die sich als **Leistungsträger** betrachten, heuchlerisch als »Minderleister« bezeichnet. Und genau darum geht es: Der Begriff soll die Gesellschaft spalten, er soll hetzen gegen jene, die staatliche Hilfe erhalten, und er soll den Sozialstaat, der einst als Errungenschaft bejubelt wurde, abschaffen helfen. Denn der Staat, der Schwachen hilft, stört manche Leute. Schließlich kostet er Geld, und dieses Geld wird den **Leistungsträgern** weggenommen, um es irgendwelchen Faulpelzen, Verzeihung, um es Transferbeziehern zu geben. Das finden zumindest die **Leistungsträger** und die, die sie politisch gern repräsentieren würden. Hier wird also bewusst die Öffentlichkeit manipuliert, damit die Reichen nicht mehr gezwungen sind, ihren Reichtum mit den Armen zu teilen. Nur nebenbei: Wer den Sozialstaat abschaffen will, handelt verfassungsfeindlich. Immerhin heißt es in Artikel 20 und Artikel 28 des Grundgesetzes, die Bundesrepublik Deutschland sei ein »sozialer Rechtsstaat«.

Leuchtturmprojekt

Wer mit Metaphern protzt, der läuft Gefahr, dass diese sich an ihm rächen. Das **Leuchtturmprojekt** ist ein Beispiel dafür. Bezeichnet wird damit die Politik, sich ein einzelnes Projekt herauszusuchen und dieses mit Geld zu beglücken – statt viele Projekte zu fördern, was schnell mal Millionen oder gar Milliarden kosten würde. Der so Herausgehobene soll dann, so die Theorie, wie ein Leuchtturm in dunkler Nacht erstrahlen, er soll eine Signalwirkung haben und allen anderen als Ansporn dienen, ebenso hell zu leuchten. Dass das funktioniert, ist unbewiesen. Immerhin bekommen die anderen keine Förderung und haben auch wenig davon, dass ein spezielles Projekt nun besonders bekannt ist. Die gewählte Metapher gibt bereits einen Hinweis auf diesen Mangel. Denn ein Leuchtturm erhellt nichts. Sein Licht dreht sich ununterbrochen, es überstreicht jeden Punkt und verweilt nie. Und die Richtung weisen kann er nur dem, der im richtigen Augenblick in seine Richtung schaut und womöglich vor Untiefen oder Klippen gewarnt davonrudert. Womit der Leuchtturm eher ein Sinnbild für die Kurzsichtigkeit dieser Politik ist. Die, nur weil sich das besser finanzieren und leichter vermarkten lässt, auf ein einzelnes Ding kurz ihre Aufmerksamkeit richtet. Siehe auch → **Exzellenzinitiative**.

Liberalismus, mitfühlender

Der Liberalismus ist eine Ideologie, die dem Individuum mehr Rechte geben will und dem Staat weniger. Was erst einmal ja nicht schlecht sein muss. Das von der FDP hinzugefügte Attribut *mitfühlend* gibt nun aber Aufschluss darüber, was diese Ideologie eigentlich bedeutet und dass ihre Anhänger sich dessen durchaus bewusst sind. Warum sonst sollten sie versuchen, den Liberalismus durch dieses Adjektiv sympathischer erscheinen zu lassen? Da es nun einen **mitfühlenden Liberalismus** gibt, fühlte der normale Liberalismus offensichtlich nicht so richtig mit. Aber auch der neue **mitfühlende Liberalismus** tut es nicht, denn hier wird der Ideologie eine Eigenschaft zugeschrieben, die sie eben nicht besitzt: Der Liberalismus will nicht, dass der Staat sich in das Leben seiner Bürger einmischt und ihnen hilft, auch nicht, wenn sie straucheln und Hilfe brauchen. Der **mitfühlende Liberalismus** will ihnen übrigens auch nicht helfen. Er will mit seinen Opfern ja nur mitfühlen, also Mitleid haben. Was gut klingt, aber nichts kostet und niemandem etwas bringt. Vgl. auch den Sozialismus mit menschlichem Antlitz. Dieser war ebenfalls eine Attribuierung, die vor allem darauf hinwies, dass der Sozialismus eben nicht menschlich war und daher mit einem solchen Antlitz maskiert werden musste.

Lohnnebenkosten

Das viel gebrauchte Lexem suggeriert, dass der Lohn, also die Bezahlung für eine geleistete Arbeit, den → **Arbeitgeber** etwas kostet. Grundsätzlich sind Kosten selten positiv konnotiert, wir haben sie nicht gern. Das rückt den Lohn ein Stück weg von der als fair empfundenen Idee der Bezahlung von Arbeitskraft. Weiterhin vollführt die Präposition *neben* als Kompositionsglied im Zusammenspiel mit ihren Nachbarn zur Linken und zur Rechten den sprachlichen Zaubertrick, nahezulegen, Lohn und Kosten müssten unabhängig voneinander betrachtet werden. Die Nebenkosten also seien ein zusätzlicher Preis, den der → **Arbeitgeber** aufbringen müsse und der nicht durch die Arbeitsleistung der → **Arbeitnehmer** erbracht werde. Das ist natürlich Unsinn. Wäre es tatsächlich so, würde kein einziges Unternehmen Gewinn erwirtschaften. Die Klage über die angeblich so hohen **Lohnnebenkosten** dient allein dazu, den Lohnempfängern ein schlechtes Gewissen zu machen, um eben jene Gewinne noch zu steigern. Drum merke: Wenn sie an dein Gewissen appelieren, wollen sie dir das Fell über die Ohren ziehen.

Lohnuntergrenze

Wortneuschöpfung, bis vor kurzem noch durchaus treffend als Mindestlohn bezeichnet. Der jedoch offensichtlich der Wahrheit zu nahe kommt, indem er andeutet, dass die gezahlte Summe wirklich das Mindeste ist, was man Menschen zumuten sollte, die ihre Arbeitskraft verkaufen müssen. Die **Lohnuntergrenze** dagegen klingt gleich viel weniger ausbeuterisch, ja geradezu wie ein Naturgesetz.

Wird der Mindestlohn auf diese Art verschleiert, kann sich selbst die CDU mit der Idee anfreunden, dass harte Arbeit auch ein Mindestmaß an Geld erbringen sollte. Um wirklich jedem klar zu machen, wie absurd die Wortschöpfung ist, hat die CDU sich dankenswerterweise entschieden, das Konzept zwar **Lohnuntergrenze** zu nennen, eine dazugehörende Untergrenze aber gerade nicht festzulegen. Eine grenzenlose Grenze sozusagen, was völlig neue Möglichkeiten der Propaganda nach dem Muster eröffnet: »Wir sagen jetzt hier mal Stopp! Denn das klingt immer gut. Aber wir fürchten natürlich die Konsequenz, weswegen wir nicht verraten, an welchem Punkt gestoppt werden soll.« Clever. Allerdings hat sich die neusprechende Union mit der **Lohnuntergrenze** auch in eine argumentative Falle begeben. Denn wo es eine Untergrenze gibt, muss natürlich auch irgendwo eine Obergrenze existieren. Weswegen wir dringend mal wieder über die Boni und Prämien der → **Leistungsträger** reden sollten. Falls die grundlosen Zahlungen in irrer Höhe, die sich die Begünstigten meist selbst genehmigen, denn überhaupt noch so genannt werden.

Lohnzurückhaltung

Zurückhaltung ist etwas Vornehmes, etwas, das man freiwillig übt, um sich und anderen das Leben angenehmer zu machen. Genau wie die → **Kaufzurückhaltung** hat die **Lohnzurückhaltung** jedoch mit dieser Art der Höflichkeit nichts zu tun. Im Gegenteil. Sie ist der verbrämte Befehl an all jene, die ihre Arbeitskraft für einen Lohn verkaufen müssen, dies doch gefälligst billiger zu tun, um so die Gewinne einer Firma zu steigern. Man könnte es auch Erpressung nennen. Zu allem Überfluss steckt darin der Vorwurf, selbst schuld zu sein, wenn man für seine Arbeitskraft auf dem Arbeitsmarkt nichts mehr bekommt und im Zweifel gar → **freigestellt** wird, schließlich war man offensichtlich zu teuer. Welche Chuzpe, Ausbeutung als Solidarität zu verkaufen! In den achtziger Jahren gab es diese zynische Kampagne schon einmal, damals hieß das Schlagwort »Lohnvernunft«. Die wurde selbstverständlich von denen erwartet, die Lohn erhalten, nicht etwa von denen, die ihn zahlen. Seltsamerweise hat noch niemand eine Gewinnzurückhaltung oder eine Überschussvernunft angemahnt, wahrscheinlich weil die Suche nach solch noblen Eigenschaften bei Konzernlenkern vergeblich wäre. Wie sonst ist es erklärbar, dass Chefs großer amerikanischer Firmen inzwischen an einem Tag mehr verdienen als der durchschnittliche Arbeiter in einem Jahr? Übrigens mit steigender Tendenz.

Luftfahrtsystem, unbemanntes

Manchmal führt der Versuch, einen Gegenstand so neutral wie möglich zu beschreiben, in die Irre. Oder sagen wir vorsichtiger: in eine völlig neue Richtung. Das **unbemannte Luftfahrtsystem** beispielsweise ist gemeinhin als Drohne bekannt. Das Wort meint ursprünglich zwar die männlichen Bienen, allerdings ist es längst als Synonym für jene ferngesteuerten Flugzeuge gebräuchlich, die vom Militär eingesetzt werden, um Gegner am Boden zu beobachten. Ursprünglich war das eine durchaus treffende Umschreibung, denn wie die männlichen Bienen hatten auch die ersten militärischen Drohnen keinen Stachel. Allerdings gibt es längst Modelle, die Stacheln haben, also schießen können und zum Beispiel für → **gezielte Tötungen** eingesetzt werden. Sie müssten, um im Bild zu bleiben, nun Bienen heißen. Ein Vergleich mit den Insekten ist aber offensichtlich nicht länger gewünscht. Die Politik nutzt zur Beschreibung der Geräte nun lieber einen Terminus technicus. Der ist eine Übersetzung aus dem Englischen, wo die Dinger als *unmanned aircraft system* bezeichnet werden. Das erhebt den Anspruch, neutral und präzise zu sein. Dabei lässt der Begriff offen, worum es eigentlich geht, denn er nutzt das Füll- oder Passepartoutwort *System*, das überall passt. So erscheinen die ferngesteuerten Militärgeräte geradezu unbedarft und harmlos. Der Ausdruck Drohne hingegen, der natürlich nur eine Metapher und damit unscharf war, hatte einen bedrohlichen Unterton. Darüber, dass der nun verschwunden ist, sind viele Politiker sicher nicht traurig. Denn sie planen gerade, das eine oder andere Gesetz zu ändern, damit die eigentlich als Kriegsgerät entwickelten **unbemannten Luftfahrtsysteme** auch von der Polizei eingesetzt werden können, um Menschen zu überwachen.

M

Markenkern

Politische Parteien sollen gesellschaftliche Visionen verwirklichen und die Hoffnungen derer erfüllen, von denen sie gewählt wurden. Marken sollen denen Geld bringen, die sie sich ausgedacht haben. Wenn es daher heißt, der **Markenkern** der FDP sei beschädigt, → **innere Sicherheit** mache den **Markenkern** der CDU aus oder der Atomausstieg gehöre nicht zum **Markenkern** der SPD, dann stimmt etwas nicht. Offenbar handelt es sich hier um eine Art Wirtschaftssprech. Politik als Produkt, gezielt entwickelt, um sich am Wählermarkt gut verkaufen zu lassen. Es mag leider wahr sein, dass die einst zum politischen Kampf und zur Verbesserung der Gesellschaft gegründeten Organisationen nur noch solche sind, die irgendwelche Produkte verkaufen. Gut ist es nicht. Weil sie dann nicht mehr vertreten, was ihre Wähler sich erhoffen: Überzeugungen. Sondern nur noch das, von dem sie glauben, dass es sich möglichst leicht und billig erreichen lässt. Politik vergisst auf diese Art, wozu sie da ist. Sie hat keine Ziele mehr. Und eine politische Partei wie die FDP, die sich sogar an ihre liberalen Inhalte erinnern lassen muss, hat diese eben offensichtlich längst vergessen und besitzt somit auch keinen **Markenkern**. Die Aussage, er sei nun beschädigt, dürfte damit – zumindest was die FDP betrifft – eine starke Untertreibung sein.

Markt, der

Wenn Gegenstände zum Leben erwachen, ist Vorsicht geboten, denn sie können ungeahnte Kräfte entfalten. Das gilt nicht nur für wassertragende Besen. Auch **Märkte** können, werden sie zum Leben erweckt, Übles tun. Beispielsweise von Regierungen etwas fordern, ja gar verlangen: Entscheidungen zum Beispiel, vor allem aber mehr Geld. Plötzlich ist dann so ein **Markt** gar »von Stimmungen getrieben«, ist unberechenbar und launisch wie ein pubertierender Jugendlicher. Leben die **Märkte** tatsächlich? Nein, das darf als unwahrscheinlich gelten. Was also soll das? »Wenn es ein Phänomen wie das absolute Böse überhaupt gibt, dann besteht es darin, einen Menschen wie ein Ding zu behandeln.« Den Satz schrieb John Brunner einst in seinem Science-Fiction-Roman »Schockwellenreiter«. Menschen zu Dingen zu machen, ist eine beliebte Strategie, um Denken zu beeinflussen. Umgekehrt funktioniert es genauso prima. Denn wenn der **Markt** einen eigenen Willen hat, wenn er gar etwas verlangen kann, trifft Politiker keine Schuld, wenn sie ihm das Verlangte geben. Dann unterliegen sie gar einem Gesetz des **Marktes**. Die armen, hilflosen Politiker können also gar nicht anders, als die mächtigen und reichen Banken mit bei Bürgern eingesammelten Milliarden zu beschenken. Wer aber den Handel mit Geld und Aktien personifiziert, wer behauptet, bunt bedrucktes Papier habe Pläne und Wünsche, der will nur die wahren Verantwortlichen und Forderer nicht benennen. Der will damit seine Unfähigkeit verstecken und seine Verantwortung wegschieben an eine abstrakte Entität, die niemand greifen oder gar belangen kann. Vielleicht aber will er auch nur verbergen, wie macht- und hilflos er eigentlich ist. Eine Bundeskanzlerin zumindest, die ständig ängstlich warnt, die **Märkte** dürften nicht beunruhigt werden, kann nicht sehr einflussreich sein. Sonst wäre ihr die Unruhe irgendeines Aktienhändlers egal. So wichtig ist dieses Verstecken, dass der **Markt** nicht nur personifiziert, sondern sogar divinisiert, also verteufelt wird. Wenn der **Markt** zu einem Gott wird, ist jedes Handeln in seinem Sinne → **alternativlos**. Wer es wagt, an dieser Allmacht zu zweifeln, gilt als Tor. Oder schlimmer noch: als Ketzer. Denn schließlich sind die Banken bitterarm und notleidend, oder?

Marktteilnehmer

Früher, als der Kapitalismus noch rau und wild war, da galt es geradezu als cool, die Konkurrenten eigenhändig fertig zu machen, sie in den Ruin zu treiben. Immerhin ging es um einen ständigen Kampf, warum das also nicht auch so nennen? Diese Sichtweise ist ein wenig aus der Mode gekommen, sprachlich. Heute will niemand mehr für ein System verantwortlich sein, das auf Ungleichheit und Ausbeutung basiert, und so haben sich auch die Bezeichnungen gewandelt. Erst wurden aus den Konkurrenten die sogenannten Wettbewerber – eine Art Sportler also, die alle miteinander um einen Pokal wetteifern. Dann erschien auch diese Bezeichnung als zu vulgär. Wenn heute jemand pleite geht, dann ist er nicht etwa von irgendjemandem ruiniert worden, sondern ist auf geheimnisvolle Weise aus dem Markt ausgeschieden. Ist das nicht schön? Niemand ist schuld, niemand muss sich schlecht fühlen. In dem Bestreben, möglichst neutrale Bezeichnungen zu finden, entstanden im Wirtschaftssprech schließlich die **Marktteilnehmer**, was alle meint, die irgendwie am Waren- und Geldverkehr beteiligt sind, vom → **Entscheider** bis zum

→ **Endkunden**. Das soll sachlich und unemotional klingen und ausdrücken, dass niemand seinem Nächsten etwas Böses will. Vor allem aber verschleiert es, dass es noch immer ein Kampf ist, gesteuert von Gier und definiert durch den Zwang, auf Kosten anderer maximalen Profit zu machen. Wer glaubt, das ließe sich nicht mehr steigern, der unterschätzt, mit welcher Energie Sprachverhunzer am Werk sind. Es gibt nämlich auch die Marktbegleiter, die klingen, als würden sie sich das Geschehen von außen anschauen. Was sie ja auch tun, wenn sie erst einmal ruiniert sind. Siehe auch → **Markt, der**.

Marschflugkörper

Das Ding ist ein Körper, es fliegt und es bewegt sich auf einer festgelegten Route, marschiert also. Irgendwie zumindest. Technisch ist die Bezeichnung daher einigermaßen korrekt. Trotzdem beschreibt **Marschflugkörper** das Gerät nicht einmal annähernd. Immerhin fehlt der wichtigste Aspekt, die große Explosion, die unweigerlich folgt, wenn der Marsch über den Himmel beendet ist. Und die kann sehr groß sein, denn **Marschflugkörper** transportieren sogar Atombomben ins Ziel. Die Explosion ist dabei im englischsprachigen Original noch ansatzweise vorhanden, dort heißen diese Waffen *cruise missile*, also »fliegende Rakete«. Die »Rakete«, die auch im Deutschen auf einen explosiven Inhalt hinweisen würde, kam bei der Übersetzung seltsamerweise abhanden. Vielleicht in dem Bemühen, die Waffe neutraler und weniger bedrohlich erscheinen zu lassen. Der **Marschflugkörper** also ist nicht nur ein unbemanntes Raketenflugzeug oder eine Jetbombe und damit ein recht gefährlicher Gegenstand. Er ist auch ein

Technizismus, der Versuch also, die Eigenschaften dieser Waffe hinter einem technisch klingenden Begriff zu verstecken.

Massenvernichtungswaffen

Es handelt sich um einen Oberbegriff, also ein Hyperonym für Waffen mit großer Vernichtungskraft (englisch: *weapons of mass destruction*). Heute ist **Massenvernichtungswaffe** ein Sammelbegriff allein für atomare, biologische und chemische Waffen – euphemistisch als »ABC-Waffen« bezeichnet –, die aufgrund ihrer Wirkung sämtlich international geächtet sind. So genügte 2003 allein die Behauptung, der Irak besitze **Massenvernichtungswaffen** und bedrohe damit die Welt, als Begründung für einen Krieg. Ursprünglich meint **Massenvernichtungswaffe** jedoch alle Waffen, die große Zerstörungen anrichten können. Erstmals verwendet 1937 in einem Bericht der britischen Zeitung »Times« über die deutsche Bombardierung des baskischen Ortes Gernika im spanischen Bürgerkrieg. Heute allerdings gelten sogenannte konventionelle Waffen nicht mehr als **Massenvernichtungswaffen**, obwohl einige von ihnen großflächige Vernichtung verursachen, zum Beispiel Streubomben oder thermobare Waffen. Ja, angesichts der Wirkung heutiger Waffen könnten sogar viele davon als **Massenvernichtungswaffen** betrachtet werden, wurden doch beispielsweise bei dem von der Bundeswehr angeforderten Luftangriff bei Kunduz durch zwei 500-Pfund-Bomben des Typs GBU-38 nach offizieller Sprachregelung der Nato »bis zu« 142 Menschen getötet. Zum Umdenken führt so etwas jedoch nicht. Zwar gibt es Bestrebungen, Streumunition zu ächten, allerdings haben noch längst nicht alle Länder die entsprechenden Verträge ratifiziert. Es sind ja schließlich keine **Massenvernichtungswaffen**.

Maßnahme

Jede Sprache bietet eine Reihe von Wörtern an, die wenig Inhalt transportieren oder sprachwissenschaftlich formuliert: die eine geringe Bedeutungsintension haben. Solche Wörter sind praktisch. In der Umgangssprache nutzen wir sie vor allem als Platzhalter, wenn uns kein treffenderer Begriff einfällt. In der Politik haben sie eine etwas andere Funktion. Dort sollen sie gezieltes Handeln vortäuschen beziehungsweise verbergen, dass die gerade vorgestellten Pläne nicht wirklich konkret sind. Die **Maßnahme** ist dafür der Prototyp. Sie taugt für jede Art von politischem Aktionismus. Ständig gibt es irgendwelche Maßnahmenbündel, Sofortmaßnahmen oder Maßnahmenkataloge. In allen möglichen Zusammenhängen taucht das Wort auf, es hat, wie es in der Sprachwissenschaft heißt, eine hohe Verwendungsextension. Zumal der Ausdruck aufgrund seines etymologischen Zusammenhangs mit »Maß nehmen«, also »angemessen, geplant und überlegt handeln«, die Assoziation weckt, dort wüsste jemand, was er tut. Was wirklich gemeint ist? Nicht so wichtig. Beziehungsweise soll genau das verschwiegen werden. Denn die **Maßnahme** lässt sich auch prima nutzen, um ein Vorgehen zu verschleiern. Wie beispielsweise bei Polizeimaßnahmen, bei denen es sich dann um Hausdurchsuchungen, Überwachungen oder einen Unterbindungsgewahrsam handeln kann. Siehe auch → **Ereignis**.

Mautbrücke

Brücken verbinden und überwinden Gräben und Schluchten. Nicht so die **Mautbrücken**. Sie überspannen zwar Autobahnen, allerdings nur, damit an ihnen Kameras und Scanner befestigt werden können, um die darunter hindurchfahrenden Autos zu überwachen. Die Geräte registrieren einerseits bei vorbeifahrenden LKW die Signale, die dort eingebaute Sender funken. Stichprobenartig nutzen sie diese zur Kontrolle, ob der Fahrer die entfernungsabhängige Straßennutzungsgebühr bezahlt hat. Doch das vom Mittelhochdeutschen *mute* abstammende Maut, das »Zoll« oder »Gebühr« heißt, beschreibt die Fähigkeiten der **Mautbrücken** nur unzureichend. Denn das deutschlandweit installierte System kann theoretisch den gesamten Verkehr auf allen Autobahnen und vielen Bundesstraßen erfassen und das nicht nur mittels der Scanner. Kameras fotografieren die Nummernschilder jedes vorbeifahrenden Fahrzeugs, und Computer analysieren anschließend diese Fotos, um die Buchstaben-Zahlenkombination zu erkennen. Die dabei anfallenden Daten eignen sich, werden sie gespeichert, hervorragend zur Verfolgung eines Fahrzeugs über größere Entfernungen. Je nach Dauer der Speicherung könnte auch noch nach Jahren festgestellt werden, wo sich jemand zu einem bestimmten Zeitpunkt befand. Die korrekte Bezeichnung der **Mautbrücken** wäre daher Kontrollpunkt oder Überwachungsstation.

Mehrheit, schweigende

Ist so etwas wie der Joker politischer Debatten. Sie kann bei beliebigen Themen herangezogen werden, um fehlende

Argumente zu ersetzen, und dient bevorzugt als Legitimation einer unpopulären Entscheidung oder einer radikalen (Einzel-)Meinung. Die **schweigende Mehrheit** wirkt dabei wie eine greifbare Entität und erweckt den Eindruck, es gäbe neben dem Sprecher noch viele, einheitlich handelnde Akteure mit konsistentem, widerspruchsfreiem Willen. Zwar steht sie zu Recht unter dem Verdacht, ein Trugbild – sprachwissenschaftlich Simulakrum genannt – zu sein. Doch ist der Beweis, ob sie existiert oder nicht und das Behauptete unterstützt oder ablehnt, nahezu unmöglich. Für eine **schweigende Mehrheit** zu sprechen, hat mehrere Vorteile: Erstens lässt es den Populisten wie ein Sprachrohr Vieler und damit wichtiger erscheinen. Zweitens lässt es ihn mutig wirken, gibt er doch vor, Dinge zu äußern, die andere sich nicht zu sagen trauen; üblicherweise gerechtfertigt mit dem Zusatz: »Das wird man ja wohl noch sagen dürfen.« Drittens ist es ohne Risiko, denn wie sagt das Bonmot ungenauer Herkunft: »Was will die schweigende Mehrheit?« »Keine Ahnung, sie sagt ja nichts.«

Meiler

Ein **Meiler** ist eigentlich ein Holzhaufen, der langsam zu Holzkohle verschwelt und der so heißt, weil viele Scheite aufeinandergestapelt werden. Wortursprung ist das lateinische *milarium*, für »Tausendschaft« oder »Haufen«. Doch werden so auch Atomkraftwerke bezeichnet. Das ist etymologisch zumindest nicht völlig falsch. In diesen werden zwar keine Holzscheite, dafür aber Urandioxidpellets gestapelt. Damit aber endet die Ähnlichkeit. Denn das Uran verbrennt nicht, reagiert also nicht mit Sauerstoff oder einem anderen Oxydationsmittel. Auch tauschen die bei einer Kernspaltung beteiligten Stoffe Neutronen aus und nicht wie bei der Verbrennung Elektronen. Hinzu kommt, dass die verkohlten Holzscheite das nützliche Endprodukt eines **Meilers** sind, während die Uran- oder Plutoniumstäbe im Atomkraftwerk in lebensgefährlichen Müll umgewandelt werden, der dringend in ein → **Endlager** gehört. Weswegen der **Meiler** im Zusammenhang mit der Kernspaltung getrost als rhetorische Strategie gelten darf, Unbekanntes und Gefährliches so zu benennen wie schon lange bekannte und noch dazu nützliche Dinge. In der Werbung heißt so etwas Imagekampagne.

Migranten

Anfangs hießen jene, die aus anderen Ländern nach Deutschland kommen, um hier zu leben und zu arbeiten, Gastarbeiter. Wie liebe Gäste, die hoffentlich bald wieder gehen. Dann machten Behörden aus ihnen die sogenannten Arbeitsemigranten, also Auswanderer. Später wurde ihnen die »Arbeit« und das »e-« wieder weggenommen, und sie mutierten zu **Migranten**. Der Ausdruck soll »politisch korrekt«, also möglichst neutral und wenig diskriminierend klingen. Dabei ist er doch nur entlarvend und zeigt genau das, was er verbergen will: dass kaum jemand hierzulande Fremde mag. Denn das lateinische *migrare* bedeutet wandern, also das ständige Bewegen zu einem anderen Ort. So als gäbe es Leute, die ziellos durch die Welt ziehen, weil sie nichts mit sich anzufangen wissen. Wörtlich sind **Migranten** somit Menschen, die zufällig gerade mal hier sind, (hoffentlich) aber (bald) wieder woanders hingehen. Das aber tun die wenigsten, denn sie kommen, um zu bleiben, beziehungsweise wurden hier geboren, sind also Inländer.

Wir wollen das nur noch immer nicht wahrhaben und reduzieren letztere lieber auf den sogenannten Migrationshintergrund. Denn wir Deutschen mögen offensichtlich keine anderen Kulturen. Da Fremdenhass jedoch nicht so angesehen ist in der Welt, denken wir uns neue Begriffe aus, um ihn zu verschleiern. Siehe auch → **Integrationsverweigerer**.

Mindestspeicherdauer

Auch Mindestspeicherfrist oder Mindestdatenspeicherung genannt. Euphemistische Umschreibung für ein ursprünglich als → **Vorratsdatenspeicherung** bezeichnetes Überwachungsverfahren. Mit dem neuen Begriff **Mindestspeicherdauer** versuchen Innenminister und Polizisten, das Ganze einerseits als unumgänglich, andererseits als harmlos darzustellen. Vor allem der erste Teil des Kompositums gibt das Versprechen, dass nur gespeichert wird, was wirklich dringend nötig ist. Gleichzeitig legt der Ausdruck nahe, dass es sich beim flächendeckenden Speichern aller deutschen Verbindungsdaten nur um einen klitzekleinen, harmlosen Eingriff in die Grundrechte handelt. Dabei hat sich trotz der Kritik des Bundesverfassungsgerichts an den Plänen in den vergangenen Jahren kaum etwas geändert. Interessant ist dabei nicht nur der erneute Versuch, die Deutschen mit Hilfe sprachlicher Maskeraden für dumm zu verkaufen. Interessant ist auch die Entwicklung des Begriffes. Der Ausdruck → **Vorratsdatenspeicherung** versuchte noch, die Überwachung ohne Anlass und Verdacht als positiv darzustellen. Der neue Euphemismus soll sie nun als notwendig, ja als → **alternativlos** erscheinen lassen. Damit drücken die betreffenden Politiker vor allem aus, dass sie sich über die Sorgen eines großen Teils ihrer Bürger genauso hinwegsetzen wie über die Kritik des Bundesverfassungsgerichtes. Und es zeigt, dass Neusprech eine Funktion hat, nämlich demjenigen, der davon Gebrauch macht, Schutz zu geben: Schutz vor Kritik, Schutz vor Anfeindung, Schutz vor Verantwortung. Tut ein Begriff das nicht mehr, braucht es eben einen neuen Namen für das alte Phänomen. Das ist wie mit vergammeltem Fleisch. Das lässt sich auch besser verkaufen, wenn man es neu verpackt und ein neues Haltbarkeitsdatum draufdruckt.

Mitbestimmung, marktkonforme

Angesichts des parlamentarischen Unwillens, eine → **Finanztransaktionssteuer** einzuführen, und der Leichtigkeit, mit der gleichzeitig Milliarden an angeblich → **systemrelevante** Banken verschenkt werden, ist längst offensichtlich, wer in der Politik das Sagen hat. Manchmal geben das inzwischen sogar die Politiker selbst zu. Beispielsweise sagte die Bundeskanzlerin, es gehe darum, »die parlamentarische Mitbestimmung« so zu gestalten, »dass sie trotzdem auch marktkonform ist«. Der Bundestag, heißt das, hat nur solange etwas zu sagen, wie er das Gleiche will wie der → **Markt**? Kein Wunder, dass sie diese Tatsache leicht verschämt formuliert. Es ging bei der Debatte im Übrigen um die Verabschiedung des Haushaltes. Nun muss man wissen, dass das sogenannte Budgetrecht laut Grundgesetz beim Bundestag liegt. Es ging in diesem Fall also nicht um irgendeine **marktkonforme Mitbestimmung**, darum, ein wenig mitzureden. Sondern es ging um eines der ureigenen Rechte der Abgeordneten. Was insgesamt ein, sagen wir, seltsames Demokratieverständnis offenbart.

N nachhaltig

Ursprünglich bedeutet **nachhaltig** so viel wie »anhaltend wirkend« und bekam im Zusammenhang mit ökologischer Landwirtschaft einen positiven Beigeschmack (Konnotation). Davon wollten auch andere profitieren, und so wurde nach und nach alles **nachhaltig**. Inzwischen gibt es die soziale Nachhaltigkeit genauso wie Nachhaltigkeitsstrategien, eine Nachhaltigkeitsforschung, einen Nachhaltigkeitspreis und sogar einen nachhaltigen Lebensstil. Es handelt sich damit längst um ein Passepartoutwort, ein Wort also, das überall eingesetzt werden kann wie ein sprachlicher Generalschlüssel. Solche Wörter enthalten keinen eindeutigen semantischen Inhalt (Intension) mehr und transportieren oft nur noch eben diese positive Konnotation. Dafür weitet sich der Gebrauch solcher Passepartoutwörter aus (Extension), was sie mit der Zeit entwertet, sodass sie irgendwann durch neue ersetzt werden müssen. Das ist auch in diesem Fall zu beobachten. So viel ist inzwischen **nachhaltig**, dass es langsam albern wird. Weswegen inzwischen gelegentlich das eine oder andere Dingsbums bereits »dauerhaft« ist. Wobei: Einen klaren Inhalt hat **nachhaltig** sich dann doch erhalten. Allerdings nur in rheinischen Dialekten, dort steht es für »nachtragend«. Das ist nicht wirklich positiv. Kein Wunder, dass diese Bedeutung sich nicht weiter verbreitet hat.

Negativwachstum

In der Wirtschaft gelten die grundlegenden Gesetzmäßigkeiten unserer Welt nicht. Zumindest würde der eine oder andere Politiker und so mancher Firmenboss das die Welt gern glauben machen. Und so verwenden sie fröhlich Schwachsinnsvokabeln wie **Negativwachstum**, auch als negatives Wachstum bezeichnet. Denn in der Wirtschaft, so der Traum, den die Strolche damit verkaufen wollen, geht es immer bergauf, niemals bergab. Das → **Wirtschaftswachstum** ist so sehr zum Fetisch geworden, dass es sogar noch herhalten muss, wenn es um das Gegenteil geht. In der Medizin gilt ständiges und ungehemmtes Wachstum als Krebs. Aber das nur am Rande. Wir waren ja bei der Krise, denn um die geht es hier. Dummerweise wachsen manche Dinge so rasant in die falsche Richtung, dass man noch Geld dazu geben müsste, damit sie nichts wert sind. Von einem Verlust zu sprechen, verbietet sich offensichtlich trotzdem. Aus naheliegenden Gründen. Erstens macht das allen nur schlechte Laune und führt außerdem zweitens zu unangenehmen Fragen der Sorte: Wer ist dafür verantwortlich? Oder: Wo ist die ganze Kohle eigentlich geblieben? Die Betreffenden möchten der Welt die Antworten auf solche Fragen lieber schuldig bleiben. Sie nämlich können so ihren schönen Posten als Frühstücksdirektor behalten und die → **Arbeitnehmer** ihren schönen Traum vom Schlaraffenland, Verzeihung, vom Wachstum.

Nestbeschmutzer

Komischer Vogel, der nahezu immer seinen Arbeitsplatz und sein öffentliches Ansehen, manchmal aber auch seine

Freiheit oder gar sein Leben riskiert, um auf ein drängendes gesellschaftliches Problem hinzuweisen. Und der so mithilft, Missstände aufzudecken, damit sie von einer breiten Öffentlichkeit wahrgenommen und in der Konsequenz vielleicht sogar beseitigt werden. Es geht also um jemanden, der Mühe auf sich nimmt und Risiken eingeht, um das Nest, in dem er sitzt, sauberer zu machen. Hierzulande muss er sich dafür, dass er der Gesellschaft einen Dienst erweist, als **Nestbeschmutzer** schelten lassen. Was eine Frechheit ist, hat doch nicht der **Nestbeschmutzer** das Nest beschmutzt, sondern oft genug jene, die ihn so nennen. Im Englischen übrigens heißt der **Nestbeschmutzer** durchaus respektvoll *whistleblower*. Er wird dort also als jemand betrachtet, der in eine Trillerpfeife pustet, um möglichst laut Alarm zu schlagen. Wie ein Polizist – nur um mal ein Beispiel zu geben.

Nichtverbreitung, nukleare

Umschreibung für die Tatsache, dass die fünf Staaten, die offiziell Atomwaffen besitzen, ihr Monopol schützen wollen. Begründet wird das Konzept damit, dass es besser für die Welt sei, wenn keine weiteren Länder solche Waffen haben. Selbstverständlich wäre es besser, wenn die Zahl der Staaten mit Atomwaffen zurückginge, am besten auf Null. Der Einsatz von Atomwaffen führt schließlich immer zu einer Katastrophe. Allein schon Produktion und Lagerung sind kreuzgefährlich, und für ihre Entsorgung gibt es auch kein Szenario. Aber warum nutzen die fünf diese seltsame Verneinung, um das auszudrücken? Verbreitung immerhin ist ein sogenanntes Handlungssubstantiv, ein Nomen actionis. Das kann nicht negiert werden, denn was soll eine Nicht-

Handlung sein? Beziehungsweise gibt es in unserer Sprache bessere Wörter dafür wie Beschränkung oder Verbot. Auch das als Umschreibung von Atomwaffen gewählte Adjektiv »nuklear« lässt den Verdacht aufkommen, dass hier etwas nicht ganz so deutlich gesagt werden soll. Der Zusammenhang wird klarer, wenn man die Realität betrachtet. Denn neben den fünf sogenannten offiziellen Atommächten gibt es mindestens vier weitere Staaten, die solche Waffen besitzen. Entweder also ist der Ausdruck **nukleare Nichtverbreitung** das verdruckste Eingeständnis, dass ein Besitzverbot nicht wirklich funktioniert. Oder aber es ist die verklausulierte Aussage, dass die fünf es nicht sonderlich ernst meinen mit ihrer Beschränkung der Atomwaffen.

Niedriglohngrenze

Euphemismus, meint nicht »niedrig«, sondern »niedrigst«, ist es doch die untere Grenze des gern sogenannten Niedriglohnsektors oder der → **Leichtlohngruppe**, also eigentlich ein Mindestlohn. Beziehungsweise einfach eine grauenvoll schlechte Bezahlung. Siehe auch → **Lohnuntergrenze** und → **Einstiegslohn**.

O

Obsoleszenz, geplante

Von der Industrie erdachter Technizismus, daher ein nach fachlicher Kompetenz klingender Begriff, der einen Zusammenhang verschleiern und nicht etwa erklären soll. Ableitung vom lateinischen *obsoletus* für »abgenutzt«. Als **geplante Obsoleszenz** wird seit den zwanziger Jahren des vorigen Jahrhunderts die verbreitete Praxis bezeichnet, Produkte so zu konstruieren, dass sie nach einer festgelegten Zeit entweder abgenutzt und damit alt aussehen, den Dienst verweigern oder tatsächlich kaputt gehen. **Geplante Obsoleszenz** ist also ein wichtiger Charakterzug der umgangssprachlichen Wegwerfgesellschaft. So sperren in den meisten Druckern so genannte Betriebsstundenzähler nach einer festgelegten Zahl von Druckvorgängen die Geräte, obwohl kein Defekt vorliegt. Der → **Endkunde** soll dadurch gezwungen werden, ständig neue Gegenstände zu kaufen, obwohl es nicht notwendig wäre und er sie nicht braucht. Das steigert zwar den Absatz und gefällt dem → **Markt**. Gleichzeitig wird allerdings die Natur stärker zerstört und mehr Müll produziert. Der Prozess ließe sich also auch als Vergeudungswirtschaft oder als Müllproduktion beschreiben. Die **geplante Obsoleszenz** ist somit ein Euphemismus, der gerne auch mit dem Euphemismus »Produktlebenszyklus« umschrieben wird. Gemeint ist in beiden Fällen das geplante Versagen und die Tatsache, dass Entwickler sich als Zerstörer betätigen. Die **geplante Obsoleszenz** wurde in vielen Bereichen des Lebens installiert, siehe unter anderem → **depublizieren**. Ursache ist der gefährliche Wahn, die Wirtschaft müsse ständig wachsen.

Onlinedurchsuchung

Der Ausdruck ist angelehnt an die seit langem praktizierte und akzeptierte Hausdurchsuchung und impliziert so ein offenes und rechtsstaatliches Vorgehen. Dabei hat die **Onlinedurchsuchung** mit der Durchsuchung der Wohnung nicht das Geringste zu tun. Bei Letzterer kommen uniformierte Beamte und suchen nach Möglichkeit im Beisein, mindestens aber mit Wissen des Bewohners nach Beweisen. Haben sie alle Ecken und Schubladen betrachtet, gehen sie wieder. Bei Ersterer wird der Computer der Betroffenen heimlich, daher zwingend ohne sein Wissen verwanzt, und es werden über einen längeren Zeitraum möglichst unbemerkt immer wieder Daten von seiner Festplatte kopiert, beziehungsweise sogar manipuliert und gelöscht. Online ist die Durchsuchung auch nicht so richtig. Denn das Spähprogramm wird dazu auf dem Rechner selbst installiert, meistens manuell, und schickt lediglich seine Funde über das Internet, also online, an seine Auftraggeber. Die **Onlinedurchsuchung** soll also verharmlosen und einem schwer umstrittenen Verfahren, das vom Bundesverfassungsgericht als Verfassungsbruch angesehen wird, einen rechtsstaatlichen Anstrich geben. Sie sollte daher besser Computerverwanzung, heimliche Festplattenüberwachung oder Datenspionage heißen.

Opfer, unschuldige

Ein Opfer ist jemand, der Schaden erleidet. Ein **unschuldiges Opfer** muss dann also jemand sein, der Schaden erleidet und nichts dafür kann. Ohne eigene Schuld also wurde der- oder diejenige zum **unschuldigen Opfer**. Klingt irgendwie logisch. Allerdings enthält diese Formulierung eine kleine Perfidie: Lässt sie doch vermuten, dass es irgendwo auch schuldige Opfer gibt, also Menschen, denen ihr Unglück zu Recht geschehen ist, die es beispielsweise verdient haben, in einer Lawine zu ersticken oder von einer Autobombe zerrissen zu werden. Das ist sicher nicht beabsichtigt, solche Gefühle der Rache gelten in den meisten Demokratien als unpassend. Manchmal allerdings drängt sich der Eindruck auf, dass die seltsame Formulierung Absicht ist. Wenn die Bundeskanzlerin zum Beispiel sagt, sie bedauere »die **unschuldigen Opfer** in Afghanistan zutiefst«, dann bedeutet der Satz, dass sie nicht alle Opfer des Krieges dort schlimm findet. Sondern nur die unschuldigen. In den meisten Fällen wird es sich hoffentlich nur um sprachlichen Leichtsinn handeln, um den Wunsch, mit dem simpelsten Mittel des Agitators Wirkung zu erzielen: der hyperbolischen Steigerung. Doch in dem Versuch, den Ausdruck durch ein vorangestelltes Adjektiv zu verstärken, wird Unsinn kreiert. Und das unnötigerweise, denn Opfer besitzt im Deutschen die Konnotation, an seinem Schicksal nicht schuld zu sein.

Pakt

Lateinisches Lehnwort für »Vertrag«. Der **Pakt** gehört in das Wortfeld des Krieges, er ist dort ein »strategisches Bündnis«. Sein Ursprung ist der gleiche wie der des lateinischen *pax* für »Frieden«. Doch hat der **Pakt** eine negative Konnotation, sicher auch durch die Redensart »einen Pakt mit dem Teufel schließen« und durch die Verbalableitung »paktieren«. Ein Beispiel dafür ist der Warschauer Vertrag, der nur im Ostdeutschen so harmlos hieß, im Westdeutschen jedoch stets Warschauer Pakt genannt wurde. Das klang auch deshalb unheimlicher, weil damit der militärische Aspekt in den Vordergrund gerückt wurde. In jüngerer Zeit wird der **Pakt** wieder erstaunlich häufig verwendet: Heute gibt es zum Beispiel Hochschulpakte oder einen → **Stabilitäts- und Wachstumspakt**. Die Erfinder dieser Begriffe haben dabei offensichtlich nicht an den Teufel gedacht, auch wenn gerade beim Stabilitätspakt diese Assoziation nahe liegt. Sie haben auch noch einen weiteren Haken vergessen: Kriegsmetaphorik wird besonders gern verwendet, wenn statt überlegtem Handeln Aktionismus im Vordergrund steht. So sind viele der **Pakte**, die in letzter Zeit in der Politik geschlossen wurden, allein darauf ausgerichtet, die Symptome zu behandeln. Um die Veränderung der zugrunde liegenden Probleme geht es ihnen nicht. So kann der → **Stabilitäts- und Wachstumspakt** weder Wachstum noch Stabilität dauerhaft sichern, und der Hochschulpakt entlastet die Hochschulen nur vorübergehend und schafft durch die höhere Zahl von Studienanfängern eher

Belastungen, statt die Finanzierung der Hochschulen dauerhaft zu sichern. Um bei der Kriegsmetaphorik zu bleiben: Es handelt sich hier um »Schnellschüsse«.

Partner

Unsere Sprache ist voll von **Partnern**, sie suggerieren so wunderbar Gleichberechtigung. Denn ursprünglich teilen **Partner** etwas, mindestens ein gemeinsames Ziel, manchmal aber auch mehr, wie zum Beispiel in einer Lebenspartnerschaft. Das Wort steht für positive Werte wie Gemeinschaft, Solidarität und Zusammenarbeit. Kein Wunder, dass viele es für sich reklamieren. Zum Beispiel in der Konstruktion Vertragspartner. Die teilen immerhin noch einen Vertrag, auch wenn sie sonst nicht viel miteinander gemein haben. Noch ausgeprägter ist die Gegnerschaft bei den Verhandlungspartnern. Aber wenigstens gibt es bei ihnen noch den gemeinsamen Tisch, an dem verhandelt wird. Von diesen **Partnern** ist es allerdings nur noch ein kleiner Schritt zu den Tarifparnern, die komplett gegensätzliche Interessen haben und bei denen sich die Frage stellt, was der Ausdruck **Partner** bei ihnen überhaupt sucht. Bei den Sozialpartnern schließlich wird er zur Lüge, teilen diese doch nur, dass sie Gegner sind, gemeinsam haben sie nichts mehr. Die Genese des Wortes zeigt damit eindrucksvoll, was mit Sprache alles möglich ist. Nicht nur, dass eine Bedeutung in ihr Gegenteil verkehrt werden kann. Geschickte Wortklauberei kann gar helfen, der Gegenseite, Verzeihung, dem Verhandlungspartner, ein schlechtes Gewissen zu machen. Denn wer vom Sozialpartner etwas fordert, zum Beispiel mehr Lohn, der zerstört natürlich die Partnerschaft. Im wahrsten Sinne des Wortes.

Partnerschaft, privilegierte

Die **privilegierte Partnerschaft** klingt wie eine enge Beziehung zwischen zwei Gleichberechtigten. Im politischen Alltag ist sie jedoch genau das nicht. So erfanden konservative Politiker für den Ehewunsch all jener Menschen, die nicht dem kirchlichen Ideal entsprechen, die eingetragene Partnerschaft. Sie hätten das Ganze auch einfach Homoehe oder noch simpler Ehe nennen können. Genau das aber sollte auf jeden Fall vermieden werden. Ganz bewusst ist diese Partnerschaft der Ehe nur »nachgebildet«. Sie soll eben nicht gleichrangig sein, sie soll ausgrenzen, nicht integrieren. Dieses Konzept der Segregation (das Gegenteil von Integration) propagieren eben jene Politiker auch, wenn es um Länder geht, die nicht in ihr borniertes Weltbild passen. So soll die Türkei nicht Teil der Europäischen Union werden dürfen. Damit es nicht so garstig klingt, wurde ihr eine **privilegierte Partnerschaft** angeboten. Was jedoch nur als böser Witz gemeint sein kann. Denn Privileg bildete sich aus dem lateinischen *privus* für »gesondert« und *lex* für »Gesetz«. Es ist also ein Sonder- oder Vorrecht. Womit ein privilegierter Partner Rechte genießt, die niemand sonst hat. Das ist natürlich eine Antiphrase. Sollen der Türkei doch weniger Rechte (Privilegien) zugestanden werden als einem Vollmitglied. Nebenbei: Auch dieses ist ein interessantes Wort, impliziert es doch, dass es so etwas wie eine unvollständige oder halbe Mitgliedschaft gibt. Fazit: Sowohl das Adjektiv **privilegiert** als auch das Substantiv **Partnerschaft** verraten das wahre Ansinnen der Erfinder, sie wollen unter sich bleiben.

Pfefferspray

Eine mindestens irreführende Bezeichnung. Angesichts der Konzentration, in der die Polizei diesen Stoff einsetzt, und der daraus resultierenden brutalen Wirkung, darf die Verwendung des Begriffes jedoch als grob fahrlässig gelten. Bei dem mit **Pfefferspray** bezeichneten Agens handelt es sich um das Alkaloid Capsaicin, den Wirkstoff der Paprika- oder Chilipflanze. Die Benennung Pfeffer kommt wohl vom englischen *chilipepper*, was »Chilischote« heißt. Eine schlechte Übersetzung also. Doch das macht es nicht besser. Schon die als Gewürz eingesetzten Produkte der Chilipflanze können den menschlichen Organismus erheblich reizen. Das von der Polizei verwendete **Pfefferspray** hingegen ist um ein Vielfaches stärker als jedes Gewürz und hat mit Lebensmitteln, so scharf sie auch sein mögen, nicht das Geringste zu tun. Menschen können sterben, wenn sie mit **Pfefferspray** in Kontakt kommen, und es gibt beim Einsatz immer wieder Schwerverletzte und Tote. Die Umschreibung als **Pfefferspray**, die an gutes Essen und heimelige Küchen erinnert, lässt hingegen vergessen, dass es sich um eine lebensgefährliche Substanz handelt, die Polizisten als Waffe dient. Eine Waffe übrigens, deren Wirkung die Betroffenen spüren sollen: Wer versucht, sich bei öffentlichen Auftritten gegen dieses Teufelszeug zu schützen, kriegt Ärger. Kann doch eine Schutzbrille schnell als eine → **Schutzwaffe** gelten.

Potenzialträger

Ein Stichwort aus dem Handbuch für Wirtschaftswichtigtuer. Wer gerade sein Studium beendet hat und bei einem

Unternehmen mit dem Ziel beginnt, irgendwann Chef zu werden, wird heute als **Potenzialträger** bezeichnet. Der Ausdruck ist eine Lehnübersetzung des englischen *high potentials* und soll wahrscheinlich eine Analogie zum → **Leistungsträger** sein. Mit dem Unterschied, dass die **Potenzialträger** beruflich noch nichts geleistet haben. Da das nicht so spannend klingt, wird ihnen wenigstens das Potenzial unterstellt, viel zu können. Allerdings ist der Ausdruck verräterisch, denn es wird nicht das Wort »Kompetenz« verwendet, das »Fähigkeit« bedeuten kann (→ **Kompetenzzentrum**): Es geht also nicht um Fähigkeiten, vielleicht weil die Bewerber einfach noch keine haben. Stattdessen ist das Erstglied des Kompositums das Substantiv »Potenzial«, das sich von »potenziell«, daher »möglich«, ableitet. Das Konzept des Potenziellen spielt im Neusprech eine wichtige Rolle, Möglichkeiten andeuten ist schließlich immer gut, egal ob sie wahrscheinlich sind oder nicht, siehe potenzielle → **Gefährder** und → **Störer, potenziell gewaltbereite**. Ein **Potenzialträger** ist also jemand, der möglicherweise etwas leisten wird, möglicherweise aber auch nicht. Man könnte ihn schlicht Bewerber nennen. Vielleicht gehört sich das aber heute nicht mehr für Menschen, die mal eine »Führungskraft« werden sollen.

Preisanpassung

Wenn Preise angepasst werden, sind sie auffälligerweise anschließend fast immer höher als zuvor. Die **Preisanpassung** ist also meist eine Preissteigerung. Aber Anpassung klingt natürlich besser. Es handelt sich somit um einen Euphemismus. Noch dazu um einen, der nicht nur die ursprüngliche Bedeutung versteckt, sondern sie geradezu entschuldigt. Denn anscheinend konnte niemand etwas dafür, dass der Gegenstand nun teurer ist, die Preise mussten einfach an irgendetwas angepasst werden. Dieses Etwas ist schuld, und der Anpasser war dazu nachgerade gezwungen. Der eigentliche Verursacher, derjenige also, der einen höheren Preis festgelegt hat, wird gut verborgen, der Begriff wird unpersönlicher. Daher handelt es sich bei der **Preisanpassung** auch um eine sogenannte Nominalisierung. Oft begegnen einem die **Preisanpassungen** im Plural. Der macht sie noch undurchsichtiger. Denn durch die Pluralisierung des Handlungssubstantivs verschiebt sich die Betonung weg von der konkreten Handlung, hin zum Ergebnis. Mietanpassungen, um ein beliebtes Beispiel zu nennen, haben nichts mehr zu tun mit einem Hausbesitzer, der nach Gutdünken die Miete manipuliert, und sie haben auch nichts mehr zu tun mit einer steigenden Miete. Sie klingen vielmehr wie eine Notwendigkeit, der sich niemand entziehen kann. Eine tolle Erfindung.

Programmländer

Ein paar Mitglieder der Europäischen Union haben seit einiger Zeit finanzielle Probleme, vor allem wenn es darum geht, geliehenes Geld zurückzuzahlen. Weil das durchaus keine → **bedauerlichen Einzelfälle** sind, wünschten Politik und Medien für sie bald einen Oberbegriff. Das macht sich immer gut. Wer für die Krankheit einen Namen hat, wirkt, als hätte er auch ein Medikament dagegen. Zunächst wurden diese Länder dazu einfach aufgelistet, und aus den Anfangsbuchstaben von Portugal, Irland, Italien, Griechenland und Spanien entstand die unrühmliche Abkürzung PIIGS, gesprochen *pigs*, wie das englische Wort für »Schweine«.

Es darf angenommen werden, dass es keine Vertreter dieser Länder waren, die sich diese Abkürzung ausdachten. Sie haben sich denn auch mehrfach darüber beschwert. Offensichtlich gelangweilte EU-Bürokraten nutzten die nächstbeste Chance für eine Umetikettierung. Ein EU-Gipfel im November 2011 beschloss, diese Länder zu unterstützen, wenn sie ihre Haushaltspolitik verändern, wenn sie also, wie es im EU-Sprech heißt, ein »Anpassungsprogramm« durchführen. Was laut dieses Programms nun woran angepasst werden soll, geht aus der Erklärung nicht hervor, wahrscheinlich ist »anpassen« nur ein Euphemismus für »verändern«. Wie auch immer, es genügte den Bürokraten als Anlass. Und so heißen die verschuldeten Länder nun **Programmländer** und haben damit einen ebenso unverfänglichen wie nebulösen Gattungsbegriff.

Protestwähler

Abwertender Ausdruck für Menschen, die keine der »etablierten« Parteien wählen, die ihr Kreuz also nicht bei CDU, FDP, Grüne oder SPD machen. Unterstellt, dass die **Protestwähler** sich eigentlich für eine der vier Parteien entscheiden wollten, es aber ausnahmsweise nicht taten, um diesen »mal eins auszuwischen«. Basiert offensichtlich auf der Haltung, dass es so etwas wie eine richtige Meinung gibt und dass jede andere Meinung, die von dieser abweicht, falsch und verwerflich ist. Beziehungsweise ignorieren die Verwender des Ausdrucks die Tatsache, dass es andere Meinungen geben kann als die eigene. Der Ausdruck diffamiert damit nicht nur eben jene Wähler, die letztlich nichts weiter tun, als ihr demokratisches Recht wahrzunehmen. Er offenbart auch ein gelinde gesagt interessantes Demokratieverständnis. Und belegt, was Politiker dieser »etablierten« Parteien grundsätzlich von Wählern und von Wahlen halten. Nichts. Beide sind anscheinend nur solange wohlgelitten, wie das Ergebnis einer Wahl im Sinne dieser Politiker ist. Dabei ist letztlich jede Entscheidung eine Form des Protestes – gegenüber allen anderen Möglichkeiten.

Q

Qualitätsklassen

Mal abgesehen davon, dass Qualität immer gut klingt, handelt es sich eigentlich um einen neutralen Fachbegriff. Nur die Tatsache, dass er verwendet wird, um eine Verschlechterung zu verbergen und Kunden zu täuschen, qualifiziert die **Qualitätsklassen**, gern auch *quality of service* genannt, als Neusprech. Es geht um Netzneutralität, darum also, dass bislang im Internet alle Daten gleich sind, keine dürfen schneller (oder langsamer) befördert werden als andere. Firmen wie die Telekom, denen die Leitungen gehören, finden das doof, könnten sie doch mit Beschränkungen noch viel mehr Geld verdienen. Man kann diese Beschränkungen mit Zollschranken vergleichen – vielleicht sogar mit Wegelagerei. Denn die Anbieter wollen bestimmte Inhalte schneller befördern als andere – gegen Geld, versteht sich. Als plakatives Beispiel werden dann gern Daten aus einem Operationssaal genannt. Doch so funktioniert das Netz nicht. Kunden, die sich eine DSL-6000-Leitung mieten, erhalten (wenn sie Glück haben) alle Daten mit einer Rate von sechs Megabit pro Sekunde. Schneller geht es nicht, langsamer schon. **Qualitätsklassen** also meint, dass einige Inhalte, für die Anbieter viel Geld bezahlt haben, weiter mit der bislang für alle verfügbaren Geschwindigkeit zum Kunden gelangen. Der Rest wird gebremst und somit langsamer. Qualität im klassischen Verständnis von Güte sieht anders aus.

Quellen-Telekommunikationsüberwachung

Kommunikation heißt, dass ein Sender (Quelle) Informationen an einen Empfänger (Ziel) übermittelt. Wir haben uns leider längst daran gewöhnt, dass es zum Arsenal kriminalistischer Methoden gehört, Kommunikation zu überwachen, obwohl dabei oft auch Privates belauscht wird. Durch Computer vermittelte Kommunikation abzuhören, ist dabei sogar noch leichter. Es müssen gar keine Wanzen mehr eingebaut werden, die Computer selbst werden zur Wanze, siehe die **Quellen-Telekommunikationsüberwachung**, gern als Quellen-TKÜ abgekürzt. Sie nutzt die einzigartige Möglichkeit der Computertechnik, an der Quelle mitzulesen. Genau dann also, wenn die Telekommunikation noch gar nicht begonnen hat. **Quellen-Telekommunikationsüberwachung** ist somit ein Oxymoron, denn gelauscht wird, bevor die Daten den Empfänger erreichen. Es liegt also noch gar keine Kommunikation vor. Gleichzeitig ist der Begriff ein Euphemismus für Überwachung, noch dazu für eine heimtückische Form. Bei zwischenmenschlicher Kommunikation ist die Quelle ein Mensch. Dieser Mensch wird hier von seinem Computer bespitzelt, von einem System, von dem das Bundesverfassungsgericht sagt, dass wir ihm vertrauen können müssen. Der Terminus technicus täuscht somit darüber hinweg, dass der Staat die Technik in unseren Händen gegen uns wendet. Gleichzeitig sind Computer nicht nur Mittel der Kommunikation und Übermittler von Daten. Sie sind auch der Ort, an dem unsere Gedanken zu Informationen gerinnen, der Ort, an dem aus unseren Visionen Pläne werden. Sie gelten deswegen inzwischen als Erweiterung unseres Gehirns. Damit aber gehört die **Quellen-Telekommunikationsüberwachung** in die Waffenkammer einer Gedankenpolizei.

radikal

Adjektiv zum lateinischen Substantiv *radix*, »Wurzel«. Die enthaltene Metapher »an der Wurzel« bedeutet, dass ein Vorschlag ein Problem grundsätzlich lösen will, statt nur die Symptome zu behandeln. Extreme Mittel sind dazu ursprünglich nicht vorgesehen. In die Politik gelangte das Wort, wie so viele, durch die Französische Revolution. Nach deren Ende nämlich forderte die »Partei der radikalen Erneuerer« einen grundsätzlichen Umbau der Gesellschaft und vor allem die Abschaffung der Monarchie und die Gründung einer Republik mit allgemeinem Wahlrecht. Daraus entstand in Großbritannien der Radikalismus, eine (links-)liberale Bewegung, die ebenfalls für eine Abschaffung adeliger Privilegien und ein allgemeines Wahlrecht kämpfte. Sie wollte das sogar für alle Bürger, ohne Ansehen des Standes, wenn auch zunächst nur für die Männer. Das Ziel des Radikalismus also war eine positive Utopie, weshalb **radikal** grundsätzlich eine positive Konnotation bekam. Bis heute ist der Radikalismus in Ländern wie beispielsweise Italien eine angesehene bürgerliche, linksliberale Bewegung. In Deutschland hingegen wird das Attribut **radikal** nur Terroristen und Mördern zugeschrieben. Denn im deutschen Sprachraum ging dieser positive Wortsinn verloren. Hier steht man jenen, die gesellschaftliche Veränderungen wünschen, grundsätzlich ablehnend gegenüber, daher ist das Wort vor allem negativ konnotiert. Schließlich wurde **radikal** synonym mit Adjektiven wie »umstürzlerisch« und »extremistisch«, obwohl es wie gesagt mit politischen Mitteln wie Gewalt nichts zu tun hat. Nicht nur ein Euphemismus, sondern völlig deplatziert ist **radikal**, wenn damit Menschen bezeichnet werden, die aus Fremdenfeindlichkeit morden.

Raketenabwehrschild

Nicht nur Pippi Langstrumpf und Parlamentarier erzählen allerhand Lügen, Militärs sind darin auch ganz prima. Denn ihre Spielzeuge sind ziemlich teuer, da macht es sich selbstverständlich besser, wenn sie als Gegenleistung ganz viel können. Dieses Spielzeug hier ist wahnsinnig teuer. Dafür prallen an ihm aber auch ganz große und schnelle und schlimme Raketen ab. Das behauptet zumindest der Ausdruck »Schild« im Namen. Der ist natürlich eine Metapher, zumindest im besten Fall. Eigentlich aber ist er eine Lüge. Denn die Sicherheit, die der Begriff verspricht, die gibt es nicht. Der angebliche Schild besteht aus Raketen, die irgendwo im Weltraum andere Raketen abschießen sollen, und das ist genauso schwierig, wie es klingt. In der Verstärkung »Abwehrschild« wird dieses Versprechen sogar gleich zwei Mal gegeben – ein deutlicher Hinweis darauf, dass nicht einmal die Erfinder daran glauben: Ein Schild schließlich dient immer der Abwehr, eines von beiden Kompositionsgliedern ist also überflüssig. Nun ließe sich einwenden, der **Raketenabwehrschild** sei lediglich eine stümperhafte Übersetzung. Aber im amerikanischen Original machen sie es auch nicht viel besser. Dort heißt der Quatsch *National Missile Defense*, ist also eine Verteidigung gegen, beziehungsweise eine Abwehr von Raketen. Wer's glaubt! Und lustig ist es auch, besteht das System selbst doch aus? Richtig: aus vielen Raketen.

Raubkopie

Um im Wortsinn korrekt zu sein, müsste sich das Erstellen einer **Raubkopie** beispielsweise auf einer schlecht beleuchteten Straße abspielen und der Räuber seinem Opfer, also einem Mitarbeiter der Musikindustrie, mindestens eine Waffe an den Kopf halten. Denn merke, das Merkmal des Raubes ist laut Strafgesetzbuch die Gewalt gegen eine Person oder wenigstens doch die Androhung derselben. Daher entspricht die Beschlagnahme etwaig illegal kopierter Datenträger durch Ordnungsorgane des Staates viel eher den juristischen Anforderungen des Raubes (wenn sie denn nicht gesetzlich legitimiert und damit rechtens wäre) als die Anfertigung solcher digitalen Kopien von Texten, Bildern oder Tönen. Und da wir schon dabei sind, eine Kopie ist eine Kopie ist eine Kopie. Das Herstellen einer solchen gilt juristisch nicht einmal als Diebstahl und ist in kleiner Menge völlig legal. Sie gar eine **Raubkopie** zu nennen, ist ein Oxymoron, also ein Widerspruch in sich, denn kopieren passt nicht zu rauben. Aber die **Raubkopie** soll ja auch gar nicht juristisch korrekt sein, sie ist ein Propagandawort der Contentindustrie (→ **Content**), um die Tat sehr viel übler klingen zu lassen, als sie rechtlich ist, und jene zu diskreditieren, die die nun einmal vorhandenen technischen Möglichkeiten nutzen. Wenn jene, die so gern vom Internet als → **rechtsfreiem Raum** reden, rechtliche Begriffe so missbrauchen, müssen sie sich nicht wundern, wenn ihnen niemand mehr zuhört.

Raum, rechtsfreier

Synonym für das Internet, das gern von jenen bemüht wird, die mehr Überwachung desselben fordern. Suggeriert Rechtlosigkeit und Chaos und die Notwendigkeit, neue Gesetze für das Internet zu schaffen. Unterstellt, dass das Internet durch bestehende Gesetze nicht regulierbar ist. Allerdings sind erstens hierzulande erlassene Gesetze stets für das ganze Land verpflichtend, Ausnahmen sind nicht vorgesehen. Und das Internet ist zweitens juristisch kein exterritoriales Gebiet. Somit gelten gültige Gesetze auch für das Netz, zumindest solange seine Infrastruktur sich hier befindet. Rechtsfrei ist der **rechtsfreie Raum** somit auf keinen Fall und die entsprechende Behauptung falsch. Der **rechtsfreie Raum** ist lediglich nicht so überwacht, wie er aufgrund seiner Möglichkeiten sein könnte. Technisch wäre es kein Problem, sämtliche Daten und sämtliche Kommunikation darin zu beobachten und zu speichern. Rechtlich jedoch ist das verboten. Das Grundgesetz kennt gleich mehrere Grundrechte, die vor solcher Überwachung schützen sollen, wie das auf Privatsphäre, auf Datenschutz, auf Informationelle Selbstbestimmung und auf die Gewährleistung der Vertraulichkeit und Integrität informationstechnischer Systeme. Diejenigen, die den Ausdruck **rechtsfreier Raum** verwenden, beweisen damit vor allem, dass eine klassische Befürchtung des Datenschutzes berechtigt ist: Wo Daten sind, wird es jemanden geben, der sie sammeln und auswerten will, auch wenn das bislang verboten war.

Reform

Wunderwort politischer Alltagssprache; es verheißt so viel und heißt doch so wenig. Sein Ursprung ist das Lateinische. Dort ist *formatio* die »Gestaltung« und die Vorsilbe *re-* steht für »wieder«, »zurück«, was zusammen »Wiederherstellung, Umgestaltung«, vielleicht auch »Verbesserung« ergibt. **Reform** ist eine dem Substantiv »Reformation« entsprechende Rückbildung oder Kurzform. Hierzulande denkt man dabei natürlich sofort an Luther, an die Reformation und daran, dass seine Reformgedanken die europäische Gesellschaft grundlegend verändert haben. Das ist lange her. Inzwischen ist der Begriff nur noch eine Phrase. Ständig werden irgendwo **Reform**-Vorschläge, fertige **Reformen** oder gleich ganze **Reform**-Pakete angepriesen. Wobei der letzte Ausdruck zeigt, dass es schon die Verstärkung zu einem »Bündel« an **Reformen** braucht, um überhaupt noch Aufmerksamkeit zu erregen, eine einzelne **Reform** beeindruckt niemanden mehr. Was kein Wunder ist. Reformiert werden sollen vor allem die Dinge, die der Staat sich nicht mehr leisten zu können glaubt: Gesundheitssystem, Bildung, Arbeitslosigkeit, Rente et cetera. Die Änderungen, die umgesetzt werden, ändern jedoch nie etwas an dem zugrunde liegenden Problem. Zumindest mutig klingende Vorschläge wie die → **Bierdeckelsteuer** versanden schnell in endlosen Debatten, übrig bleibt stets nur, dass anschließend entweder die Gebühren, Kosten, Beiträge steigen oder die dafür erhältlichen Leistungen sinken. Der Soziologe und Kommunikationswissenschaftler Paul Watzlawick nannte dieses Konzept »mehr desselben« und beschrieb es als »eines der erfolgreichsten und wirkungsvollsten Katastrophenrezepte« der Menschen. Trotzdem wird es hierzulande sehr gerne angewandt. Somit dürfte der Ausdruck **Reform** seinen ursprünglich positiven Wortsinn längst verloren haben und vor allem eines sein: ein Euphemismus.

Reformkommunikation

Eine grandiose Wortschöpfung, vor der wir nur unseren Hut ziehen können. Wir zitieren mal kurz aus dem Strategiepapier zum Thema politische **Reformkommunikation** der Bertelsmann-Stiftung: »Dass trotz dieser grundsätzlichen Aufgeschlossenheit hierzulande Initiativen zum Umbau des Wohlfahrtsstaates regelmäßig als Zumutung – nicht als Chance – wahrgenommen werden, ist nicht zuletzt darauf zurückzuführen, dass bislang die Vertrauensbildung durch strategische Regierungskommunikation entschieden zu kurz kommt.« Wer also ist demnach schuld daran, dass Kürzungen bei der Arbeitslosenhilfe oder Steigerungen der Krankenkassenbeiträge als die Zumutung wahrgenommen werden, die sie sind? Die Kürzungen? Die höheren Beiträge? Nein, sondern die mangelnde **Reformkommunikation** – toll! Wobei der Ausdruck **Reformkommunikation** selbst es auch in sich hat, ist er doch Neusprech für Neusprech. Man muss den Mist nur bunt verpacken, heißt das und belegt, dass man aus dem Brett vor dem Kopf auch eine prima Waffe machen kann. Und wem das nicht reicht, es gibt in Deutschland sogar eine Professur für **Reformkommunikation** – beziehungsweise gab. Inzwischen ist sie ein wenig bemäntelt worden in »politische Kommunikation«.

Registerabgleich

Die Volkszählung 2011, offiziell Zensus genannt, geschah im Vergleich zu früheren so unauffällig, weil gar nicht jeder befragt werden musste. Die meisten der gewünschten Informationen waren längst digital vorhanden und brauchten nur eingesammelt zu werden. Dazu wurden insgesamt fünfzehn Datenbanken bei verschiedenen Behörden ausgewertet und in einer neuen Datenbank zusammengefasst. Unumstritten ist dieses Verfahren nicht. Die neue Superdatenbank sorgte bei Datenschützern für Unruhe. Das ergab zusammen mit den Erinnerungen an die Proteste und Klagen der letzten Volkszählung von 1987 erhebliches Potenzial für Aufregung und Ärger. Den will natürlich keiner, auch keine Bundesregierung. Insofern ist es kein Wunder, dass die Volkszählung offiziell gar nicht Volkszählung hieß. Sie wurde lieber Zensus oder **Registerabgleich** genannt. Der vom lateinischen *census* entlehnte Begriff heißt »Schätzung« und meinte im alten Rom die Begutachtung, wie reich die Bürger sind. Je nach Höhe ihres Vermögens mussten sie anschließend Steuern entrichten und sich an den Militärkosten beteiligen. Ums Geld ging es dieses Mal aber gar nicht. Die altertümliche Bezeichnung **Registerabgleich** wenigstens passte insofern, weil bis heute von einem Melderegister die Rede ist. Das stammt aus dem Mittelalter. Wichtige Entscheidungen eines Stadtrats oder einer Zunftversammlung wurden in einem großen Buch fortlaufend aufgeschrieben, dem Register. Heute schreibt so etwas allerdings niemand mehr in Bücher, längst sind Meldedaten in Datenbanken erfasst. Deren Zusammenführung immerhin wurde im **Registerabgleich** vorsichtig mit dem aus der Mode gekommenen »Abgleich« angedeutet. Der schließlich heißt »Dinge harmonisch vereinen«. Trotzdem ist der

Registerabgleich als Bezeichnung ein wenig, sagen wir, ungebräuchlich, genau wie der Zensus. Hätten nicht doch noch ein paar Datenschützer und besorgte Bürger gegen das Verfahren demonstriert, wäre vielleicht gar nicht aufgefallen, worum es hier geht.

Reserve, stille

Mit der **stillen Reserve** bezeichnen Politiker und Arbeitsmarktforscher diejenigen, die keine Arbeit haben, sich aber auch nicht arbeitslos melden – weil sie sowieso keine Unterstützung vom Staat bekommen würden oder so frustriert sind von der ewigen Arbeitssuche, dass sie aufgegeben haben. Die Bezeichnung als Reserve ist dabei offensichtlich eine Übernahme aus der Militärsprache. Dort meint der Begriff jene, die gerade nicht im Kriegseinsatz sind, aber jederzeit zu ihm herangezogen werden könnten. Wie von der Sprache des Militärs nicht anders zu erwarten, ist das eine Verdinglichung, eine Betrachtung von Menschen als Material. Denn Reserve bedeutet so viel wie »Vorrat«. Im Sozialismus war diese Betrachtungsweise ebenfalls weit verbreitet, und so hießen dort die Mitglieder der »arbeitsfähigen Bevölkerung«, die gerade nicht im »Arbeitsprozess« eingebunden waren, »Arbeitskräftereserve«. In der gern als sozial bezeichneten Marktwirtschaft ist das offensichtlich nicht anders. Jene, die im Sozialsystem keinen Platz finden, weil sie Hausfrau waren oder selbständig, werden noch immer als sofort verfügbarer Menschenvorrat für den Arbeitsprozess angesehen. Dass sie dabei gar als still und somit als schweigend bezeichnet werden, ist zynisch. Schweigen die schätzungsweise drei Millionen Betroffenen doch nur deswegen, weil sie niemand fragt beziehungsweise weil sich niemand für ihr Schicksal interessiert. Siehe auch → **Mehrheit, schweigende**.

Restrisiko

Es zeugt von erheblichem Willen zum Schönfärben, angesichts der tödlichen Sauerei eines radioaktiven Schrotthaufens, den ein explodiertes Atomkraftwerk darstellt, überhaupt von einem Rest zu sprechen. Der Begriff soll offensichtlich verniedlichen, ist also ein Euphemismus, denn ein Risiko bleibt ein Risiko, egal wie groß oder klein es sein mag. Doch das nur als Exkurs. Nach Definition des deutschen Atomforums, des Lobbyvereins der Kraftwerksbetreiber, ist das **Restrisiko** ein »nicht näher zu definierendes, noch verbleibendes Risiko nach Beseitigung bzw. Berücksichtigung aller denkbaren quantifizierten Risiken bei einer Risikobetrachtung«. Moment ... Das, was übrig bleibt, wenn alle »quantifizierten«, also messbaren Risiken beseitigt sind, müssen wir hinnehmen? Also all jene Katastrophen, die geschehen, weil es einfach (noch) keinen Grenzwert für ihre Ursachen gibt? Wollen Sie wissen, wie das Bundesverfassungsgericht das **Restrisiko** definiert? Etwas anders: Es fordert die »bestmögliche Gefahrenabwehr und Risikovorsorge« und zwar bezogen auf den »jeweiligen Stand von Wissenschaft und Technik«. Das **Restrisiko** darf demnach nur jene Dinge meinen, die hypothetisch, konkret nicht vorstellbar und »jenseits der Grenzen des menschlichen Erkenntnisvermögens« liegen. Lediglich absurde Sachen wie abstürzende Marsianer müssen demnach als **Restrisiko** hingenommen werden. Von Wahrscheinlichkeiten steht im sogenannten Kalkar-Urteil von 1978 nichts. Die Definition der Atomindustrie also darf getrost als Güterabwägung gelten – Bezahlbarkeit versus Sicherheit, Geld gegen Leben. Übrigens: Keine Versicherung will das Risiko dieser Anlagen auf sich nehmen, was allein schon nachdenklich machen sollte.

Rettungsschirm

Um Unterstützung für unpopuläre Entscheidungen zu erhalten, gibt es zwei unfehlbare Möglichkeiten: Man kann beim Wähler die Gier schüren oder die Angst. Erstere fällt irgendwie aus, wenn es darum geht, mitten in einer Krise Milliarden von Euro wegzuschenken, um Pleitiers über Wasser zu halten und irgendeinen ominösen → **Markt** zu beruhigen. Bleibt die Angst. Kein Wunder also, dass die Sprache im Zusammenhang mit der Eurokrise vor Panikmetaphern nur so strotzt. Der **Rettungsschirm**. ist so eine Panikvokabel, allerdings eine eher unglücklich gewählte. Denn entweder gibt er vor, wie ein Fallschirm etwas zu bremsen, was sich ohne ihn im freien und garantiert tödlich endenden Fall befände. Gäbe es ihn nicht, bedeutet das, wären der Euro und damit unsere ganze Wirtschaft und unser Reichtum erledigt. Was aber hieße, dass der Fall unvermeidlich ist, auch mit einem **Rettungsschirm**, die Folgen sind nur nicht so katastrophal. Denn er kann nur bremsen, aber nichts verhindern. Oder aber es ist der Regenschirm als Ursprung des sprachlichen Bildes gemeint. Dann aber stellt sich die Frage, ob es einen solchen Schirm denn unbedingt braucht. Denn Regen macht zwar nass, bringt aber niemanden um. Beziehungsweise taugt ein Schirm nicht viel, wenn es denn so viel Wasser ist, dass der Euro darin ersaufen könnte. Der Begriff also ist ziemlicher Murks. Genau wie das Konstrukt, das damit beschrieben wird. Denn das ist eigentlich ein Geldgeschenk. Europäische Staaten bürgen für die Schulden anderer europäischer Staaten. Und da Staaten nur das Geld ausgeben können, das sie zuvor von ihren Bürgern als Steuern eingenommen haben, haften letztlich diese. Daher ist der **Rettungsschirm** aus Sicht der unfreiwilligen Geldgeber eher eine Zwangsbürgschaft.

Rettungsschuss, finaler

Ein Schuss, der rettet, kann eigentlich kein schlechter Schuss sein. Dummerweise tötet er trotzdem. Denjenigen nämlich, der davon getroffen und eben nicht gerettet wird. Dass das im Zweifel ein Verbrecher ist, macht die sprachliche Aufhübschung nicht besser. Die ist in dieser Worthülse sogar gleich zwei Mal verbaut. Erstens wird, weil es schicker klingt, statt der Erschießung eines Menschen die Rettung (eines anderen) Menschen betont. Die Beschreibung des Motivs ersetzt damit die Beschreibung der Handlung, was das Ganze ein wenig ins Gegenteil verkehrt, denn gut gemeint kann im Ergebnis noch immer schlecht sein. Nun aber klingt es, als wäre es geradezu eine Ehre, auf diese Art zu Tode gebracht zu werden. Zweitens versteckt sich in *final* auch noch, worum es geht: Um einen Schuss nämlich, der »mit an Sicherheit grenzender Wahrscheinlichkeit tödlich wirken wird«, wie es in den Polizeigesetzen heißt. Denn der **finale Rettungsschuss** soll nicht einfach jemanden außer Gefecht setzen. Er soll umbringen, sofort. Durch einen gezielten Schuss ins Stammhirn, Rettung ausgeschlossen. Übrigens, nach einiger Zeit ist Polizei und Politik aufgegangen, dass der **finale Rettungsschuss** vielleicht doch ein wenig zu verharmlosend daherkommt. Daher heißt die Prozedur inzwischen → **Tötung, gezielte**.

Rückbau

Atomkraftwerke werden hierzulande nicht einfach abgerissen, wär' ja auch schade um die Milliarden teure → **Brückentechnologie**. Nein, sie werden zurückgebaut. Das klingt nicht so sehr nach Chaos, Dreck und Krach, sondern nach einem planmäßigen Vorhaben, das mit großem Aufwand und entsprechender Vorsicht betrieben wird. Weswegen der Begriff wahrscheinlich so viele Anhänger findet, denn niemand will bei der Materie auch nur in den Verdacht kommen, hastig und unüberlegt mit dem strahlenden Schrott umzugehen. Allerdings verrät das Wort mehr über die Absichten der Rückbauer, als es wahrscheinlich soll: Würden Atomkraftwerke abgerissen, wäre auch sprachlich klar, dass von ihnen anschließend nichts mehr übrig ist. Der **Rückbau** jedoch ist nicht terminativ, er ist genau wie der → **Ausstieg** aspektuell nicht festgelegt, wie es in der Sprachwissenschaft heißt. Er hat also keinen eindeutig definierten Endpunkt. Bei einem **Rückbau** kann somit durchaus etwas übrig bleiben – was zurückgebaut wird, ist nicht unbedingt weg. Um Missverständnisse zu vermeiden, sind daher jene, die den Begriff verwenden, gezwungen, von einem vollständigen **Rückbau** zu sprechen. Was wiederum nahelegt, aber das war sicher ebenfalls keine Absicht, dass sie auch über einen unvollständigen **Rückbau** nachgedacht haben, um die Dinger irgendwann wieder in Betrieb nehmen zu können.

Rundfunkservicezentrale

Neuer Name für die Gebühreneinzugszentrale (GEZ), die wenig beliebte, aber dafür durchaus treffend bezeichnete

Geldeintreibungstruppe der öffentlich-rechtlichen Rundfunkanstalten. Diskussionen über den Umbau dieser Gebühr zu einer sogenannten Haushaltsabgabe boten Politikern offensichtlich eine gute Gelegenheit, um gleich auch ein wenig am üblen Image der GEZ zu basteln. Natürlich nur sprachlich. Daher soll aus ihr nun eine zentrale Institution werden, die irgendetwas mit Rundfunk und mit Service zu tun hat. Von Geld ist nicht mehr die Rede. Dabei besteht ihr Service auch weiterhin einzig darin, säumige Zahler zu mahnen und die nun Abgabe genannte Gebühr einzusammeln. Offensichtlich also ein netter Versuch, einen Euphemismus zu installieren. Konsequent war die Aufhübschung allerdings nicht. Denn hinten dran hängt noch immer die Zentrale. Bei der aber denkt man hierzulande sogleich an Finsteres, an Steuerung und Überwachung und an sprachverpfuschende Vereine wie die Bahn etwa.

S Schadstoffemission

Wer die technische Bezeichnung eines Gegenstandes dem umgangssprachlichen Namen desselben vorzieht, hat unter Umständen Technik studiert und möchte das jeden wissen lassen. Allerdings sind die wenigsten Politiker ausgebildete Ingenieure. Nichtsdestotrotz ist in vielen politischen Papieren lieber von einer »**Schadstoffemission** durch Großfeuerungsanlagen« die Rede als von Kraftwerksabgasen oder gar Luftverpestung. Warum nur? Doch nicht etwa, weil es weniger hustenerregend klingt? Wir fürchten doch. Wenn wir Glück haben, wird der Müll in der Luft mit Smog bezeichnet. Das ist zwar ein englisches Kofferwort, bei dem sicher kaum noch jemand weiß, dass es einst aus *smoke*, »Rauch«, und *fog*, »Nebel«, gebildet wurde. Doch wenigstens war es lange so gegenwärtig, dass viele Menschen bei seiner Erwähnung noch immer sofort Asthmaanfälle bekommen. Meistens ist jedoch lieber von »Luftschadstoffen« die Rede, so als ob sie der Luft schaden würden und nicht uns. Oder von »Luftverschmutzung«, so als ließe die Luft sich waschen und sei anschließend wieder klar und frisch. Oder eben von den **Schadstoffemissionen**, die sprachlich nicht einmal mehr mit der Luft zu tun haben, sondern irgendwohin emittiert, also ausgestoßen werden. Je schlimmer der Dreck, desto schöner sind die Worte, die Politik für ihn findet.

Schlichtung

Im ursprünglichen Sinn ist mit *schlichten* »glätten« oder »gerade machen« gemeint, zum Beispiel bei Holz durch einen Hobel oder eine Axt. Gleichzeitig konnte es aber auch »bestreichen« oder »streicheln« heißen. Auf ähnlichem Wege wie beim Verb *richten* (»recht machen« oder »gerade machen«) entwickelte sich daraus die Bedeutung »ordnen«. Bei beiden geht es darum, eine Lage zum Besseren beziehungsweise Glatteren zu verändern. Im Gegensatz zum Richter aber entscheidet der Schlichter nichts, schon gar nicht, wer gewinnt. Die **Schlichtung** soll einen Kompromiss finden, einen Weg also, bei dem alle Streitenden auf etwas verzichten. Doch ausgleichen lässt sich nur, was zuvor schon auf einer Höhe lag. Ist das Gefälle zu groß, gibt es nichts zu »glätten«, schon gar nicht, wenn der Glätter selbst keine Macht hat. Der Versuch beispielsweise, zwischen einem Milliardenunternehmen, einer Landesregierung und einigen aufgebrachten Bürgern zu vermitteln, bedeutet somit, dass es darum geht, letztere ein wenig zu streicheln und letztlich ruhig zu stellen. Mit Mitbestimmung oder gar Demokratie hat das nichts zu tun. Die **Schlichtung** als Instrument der Politik gaukelt beides nur vor. Ein anderes Wort dafür wäre Placebo – wer Glück hat, fühlt sich besser, an den Ursachen aber ändert sich nichts.

Schuldenbremse

Bezeichnung für ein Gesetz zur Änderung des Grundgesetzes, mit dem 2009 festgelegt wurde, dass die jährliche Nettoneuverschuldung des Staates nicht höher sein darf als 0,35 Prozent des Bruttoinlandsproduktes. Damit werden also nicht die Schulden selbst gebremst, sondern lediglich das Machen neuer, daher eigentlich eine Neuverschuldungsbremse. Die Menge Geld, die der Staat anderen schuldet, wächst somit fröhlich weiter. Bemerkenswert ist auch die Existenz der **Schuldenbremse**, stand doch bislang im Grundgesetz Artikel 115 der recht eindeutige Satz: »Die Neuverschuldung darf die Ausgaben für Investitionen in der Regel nicht übersteigen.« Mithin eine Begrenzung. Die jedoch offensichtlich nicht begrenzend genug war und Ausnahmen zuließ, die von der Politik nur zu gern genutzt wurden. Seit 1962 wurden im Bundeshaushalt nur in einem einzigen Jahr keine neuen Schulden verbucht. Das Einführen einer neuen und explizit so genannten **Schuldenbremse** ist damit die Bankrotterklärung der Politik, die sich im Geldausgeben gesetzlich zügeln muss, weil sie es im politischen Alltag nicht vermag. Denn natürlich kommt es bei Wählern besser an, wenn man Steuern senkt oder Subventionen erhöht, wenn der Staat also mehr Geld ausgibt. Ausgaben zu senken, ist dagegen nicht so populär. Daher passiert es nie oder wird, wenn es doch unumgänglich ist, in schöne Worte verpackt. Vgl. auch → **Kostendämpfung** oder → **Wachstumsdelle**.

Schutzlücke

Polizeigewerkschaften, BKA, CDU und CSU werden nicht müde, uns zu erklären, dass ohne → **Vorratsdatenspeicherung** eine **Schutzlücke** drohe. Das Kompositum aus *Schutz-* und *-Lücke* suggeriert, dass uns der Staat rundherum schützen könnte vor allem Bösen, gäbe es da nicht dieses eine lästige Loch, diese kleine Lücke nämlich, durch die das Böse listig lugt (das selten gewordene Verb *lugen* ist –

aber das nur nebenbei – mit der Lücke sprachgeschichtlich verwandt). Dieses Loch nun also im ansonsten fest gefügten antiterroristischen Schutz(-Wall?) gelte es zu stopfen. Tatsächlich? Ist die **Schutzlücke** nicht vielmehr nur eine Schutzbehauptung? Denn zwar kann die → **Vorratsdatenspeicherung**, die besser »Datenhortung« hieße, aber gern → **Mindestspeicherdauer** genannt wird, getrost als bequemes Instrument gelten – zumindest für Strafverfolger. Nur schützen kann sie vor nichts und niemandem. Bestenfalls vereinfacht sie im Nachhinein die Strafverfolgung. Das ist selbstverständlich prima, aber ohne die Chance zu schützen, also Unheil zu verhindern, kann sie natürlich auch keine Lücke schließen. Falls es die denn gäbe. Im Gegenteil: Die → **Vorratsdatenspeicherung**, → **Mindestspeicherdauer**, Mindestdatenspeicherung bzw. Datenhortung reißt Lücken – in die Grundrechte.

Schutzverantwortung

Zusammenziehung der »Verantwortung zum Schutz« (*responsibility to protect*). Begriff der internationalen Politik und gültige Doktrin der NATO. Dient als Rechtfertigung, um das Verbot der Nicht-Einmischung in die Angelegenheiten eines souveränen Staates zu umgehen und eine »Friedenstruppe« zu einem → **Stabilisierungseinsatz** in dieses Land zu schicken: Gibt vor, dass damit die Menschen geschützt werden, die in diesem Staat unter Verfolgung leiden. Die dabei bemühte Logik besagt, dass ein Staat verantwortlich für seine Bürger sei und sie zu schützen habe. Werden deren Menschenrechte verletzt, werde er dieser Verantwortung nicht mehr gerecht und verwirke sozusagen seine Souveränität, sodass das Einmischungsverbot nicht mehr gelte. Allerdings ist dieses Konzept problematisch. Denn die sogenannte internationale Gemeinschaft interessiert sich leider nur dann für die Rechte der Menschen in unterdrückenden Staaten, wenn sie gleichzeitig ein Interesse an den Rohstoffen dieser Länder hat oder an den Transportwegen durch diese. Gibt es hingegen keine wirtschaftlichen Interessen, werden Menschenrechtsverletzungen in anderen Staaten gerne auch jahrzehntelang hingenommen. Die **Schutzverantwortung** der NATO ist also eine sehr selektive. Eine Einschränkung, die dieser allumfassende Begriff gerade nicht enthält.

Schutzwaffe

Eine **Schutzwaffe** oder auch passive Waffe ist gar keine Waffe. Das verwirrt Sie? Moment, wird gleich klarer. Damit werden im sogenannten Versammlungsrecht all jene Dinge bezeichnet, die dazu taugen, sich vor der Wirkung von Waffen zu schützen: Regenhosen zum Beispiel, Zahnschienen oder eine Schutzbrille (die auch noch als Vermummung gilt). Selbst ein Fahrradhelm ist nach dieser Rechtsauffassung eine passive Waffe. Wer sich vor Gewalt schützen wolle, so die Logik des Gesetzgebers, der suche die Gewalt geradezu, ja sei selbst zu ihr bereit. Die Argumentation ähnelt auf fatale Weise der üblen Haltung, Frauen seien irgendwie mit schuld daran, wenn sie vergewaltigt würden. Schließlich hätten sie ja den Täter irgendwie zu seiner Tat gereizt. Was zeigt, dass diese Bezeichnung mitnichten ein Zufall ist, denn sie dient offensichtlich dazu, das Tragen von schützender Kleidung zu diskreditieren – oder genauer den Träger. Es handelt sich also bei der **Schutzwaffe** um das Gegenteil eines Euphemismus, einer Schönfärberei. Es ist ein Dysphemismus, eine Schmährede. Und bitte jetzt angesichts ihrer martialischen Helme und Schilde keine Witze über die Gewaltbereitschaft deutscher Polizisten. Denn die tragen selbstverständlich eine Schutz*ausrüstung*, das ist etwas völlig anderes. Oder, wie der Satiriker Georg Kreisler sang: »Jeden Tag sind wir beim Schützen frisch dabei / schützet auch die Polizei!«

Selbstverpflichtung, freiwillige

Das *freiwillig* in dieser Konstruktion können wir gleich mal streichen, das ist frei erfunden. Aus eigenem Antrieb und ohne Zwang kommt niemand auf die Idee zu so einer **freiwilligen Selbstverpflichtung**, im Gegenteil. Die gehen Konzerne oder Branchen nur ein, wenn sie etwas verbockt haben und Politiker drohen, sie dafür mit Gesetzen zu bestrafen. Dann bleibt die **freiwillige Selbstverpflichtung** als letzte Möglichkeit, um beispielsweise eine Zerschlagung, gern Regulierung genannt, noch zu verhindern. Mit der »Verpflichtung« ist es ebenfalls nicht weit her. Denn **freiwillige Selbstverpflichtungen** verpflichten zu gar nichts. Oder, wie es auf politisch heißt, sie sind »rechtlich unverbindlich«. Wer sich nicht an die Vereinbarungen hält, dem passiert nichts. Abgesehen vielleicht von einem kleinen Imageschaden, aber der lässt sich mit einer PR-Kampagne problemlos vergessen machen. Vom »Selbst« bleibt auch nicht viel. Die Bösewichte sind es zwar tatsächlich selbst, die die Auflagen einhalten müssen. Von selbst aber kommen sie bestimmt nicht darauf, etwas zu ändern, siehe oben. Es sind also leere Versprechen. Warum aber machen Politiker das seltsame Spiel überhaupt mit? Selbstverständlich, weil sie es gut und vor allem schnell verkaufen können.

Ein Gesetz kann Jahre dauern. Das kostet und birgt außerdem das Risiko, auf dem Weg zur Verabschiedung krachend zu scheitern. Eine **freiwillige Selbstverpflichtung** lässt sich in ein paar Wochen zusammenbauen. Das, was in ihr steht, muss nicht einmal wie ein Gesetzentwurf öffentlich besprochen und verhandelt werden. Bei der Verkündung auf der unvermeidlichen Pressekonferenz klingt eine **freiwillige Selbstverpflichtung** außerdem fast genauso gut, und da alles so schnell ging, kann der gemeine Politiker damit so richtig → **Handlungsfähigkeit** beweisen. Noch Fragen?

Servicehinweis

Möglicherweise verdanken wir dieses Zauberwort der Deutschen Bahn, zumindest wird der **Servicehinweis** dort ständig ungebeten gegeben. Leider hat sich noch nicht genug herumgesprochen, dass Bahnsprech nahezu unverständlich ist, weswegen es der **Servicehinweis** sogar bis ins Auswärtige Amt geschafft hat. Dabei ist die Bedeutung vollkommen unklar: Es könnte sich dabei um einen Hinweis des Service handeln, also den irgendeiner Abteilung. Oder einen Hinweis auf einen bestimmten Service, daher Dienst. Beispielsweise auf die Möglichkeit, seine Hemden bügeln zu lassen. Es könnte aber auch ein Hinweis sein, der für sich genommen bereits die ganze Leistung darstellt. Das französische *service* macht es einem aber auch nicht leicht, kann es doch »Dienst« genauso bedeuten wie »Bedienung«, »Leistung«, »Abteilung« oder »Amt«. Wir vermuten bei der Verwendung einer so verdunkelnden Vokabel selbstverständlich Absicht. Denn der **Servicehinweis** ist gerne mal die gut getarnte Warnung eines Herstellers, dass ein Gerät nicht so funktioniert wie es soll und unter Umständen gefährlich sein könnte. Oder eine vor Taschendieben. Eine solche Warnung ist sicher eine Art Service. Aber Ankündigungen, die mit »Achtung« oder »Warnung« beginnen, erregen garantiert mehr Aufmerksamkeit. Was, wenn das Ganze wirklich ein Dienst am Kunden sein soll, sicher keine dumme Idee ist.

Sicherheit, innere

Sicherheit klingt immer gut, vor allem wenn es um das Innere und somit um das uns Naheliegende geht. Der Ausdruck hat also eine positive Konnotation. Gleichzeitig erzeugt die gern verwendete Großschreibung des ersten Begriffsteils den Eindruck, es handele sich um eine → **systemrelevante** staatliche Struktur. Doch ist **innere Sicherheit** kein rechtlich definierter Begriff, auch wenn die häufige Verwendung durch Politik und Medien das vermuten lässt. Es existieren folglich auch keine Normen und Gesetze, die die **innere Sicherheit** einschränken oder wenigstens begründen würden. Die **innere Sicherheit** ist völlig unscharf, grenzenlos und kann durch praktisch jeden bedroht werden, durch Terroristen genauso wie durch Jugendkriminalität oder »Chaoten«. Selbst die politische Definition ist vage und besagt lediglich, dass die **innere Sicherheit** die Bürger vor Gefahren beschützen soll, die aus der Gesellschaft selbst heraus erwachsen. Was ein geradezu beeindruckender Trick ist. Denn dadurch, dass die **innere Sicherheit** behauptet, die Bürger müssten vor Bösewichten aus den eigenen Reihen behütet werden, also letztlich vor sich selbst, erlaubt sie es dem Staat, die Überwachung und Bespitzelung seiner eigenen Bewohner zu rechtfertigen. Das macht sie zur Allzweckwaffe der Politik. Denn wer den entsprechenden Vorhaben widerspricht, muss entweder verrückt oder ein → **Gefährder** sein – wahrscheinlich sogar beides.

Sicherheitsforschung

Weckt die Erwartung, dass die Ergebnisse dieser Forschung der Sicherheit dienen. Nun ja. Die **Sicherheitsforschung** wird vornehmlich im Bereich des Militärischen betrieben und hat vor allem Waffen zum Gegenstand beziehungsweise das Bestreben, diese besser zu machen, also tödlicher. Aber Kriegs- oder Tötungsforschung klänge nun einmal nicht so beruhigend. Selbstverständlich existiert die Überzeugung, seltsamerweise vorwiegend bei Militärs, dass Waffen die Welt sicherer machen. Allerdings sind an der zugrunde liegenden Theorie Zweifel angebracht. Gibt es doch nicht unerhebliche Hinweise darauf, dass mehr Waffen eher zu mehr Toten führen und daher irgendwie zu weniger Sicherheit. Denn woran soll man sie messen, wenn nicht an der Zahl derer, die nicht zu Schaden kommen? Abgesehen davon, dass Sicherheit definiert ist als die Abwesenheit von Gefahr und die Waffen selbst bereits eine solche Gefahr darstellen. Doch auch im zivilen Bereich ist die **Sicherheitsforschung** wohl eher ein Euphemismus. Ja, ab und zu geht es ihr darum, Menschen aus Notlagen zu retten oder dank besserer Fluchtwege vor Gefahren zu bewahren. Meistens aber sind dann doch Pläne gemeint, die treffender mit »Überwachung« beschrieben wären. Dass Überwachung die Welt sicherer macht, ist hingegen leider ebenso falsch wie die Annahme, Waffen täten das.

Sicherheitskräfte

Manchmal entstehen Schleier- und Sudelwörter auch aus Hilflosigkeit. Stellen Sie sich vor, Sie sind Journalist und müssen über ein Land schreiben, dessen, sagen wir, Staatschef eben noch als lupenreiner Demokrat und verlässlicher Handelspartner galt. Plötzlich gibt es in diesem Land eine Revolution, und es ist nicht mehr so klar, ob der Typ und sein Machtapparat demnächst noch wohl gelitten sind. Möglicherweise wird er auch in drei Wochen noch vom Bundespräsidenten mit militärischen Ehren empfangen. Möglicherweise hängt er dann aber auch an irgendeinem Baum und die, die bis eben noch Aufständische oder Rebellen hießen, stellen das Parlament. Hier ist sprachliches Feingefühl gefragt. Jedes falsche Wort kann Ihnen schnell als Parteinahme für die jetzt oder demnächst falsche Seite ausgelegt werden. Neutralität muss her, oder wenigstens ihr Anschein. Und so mutieren Polizisten und Soldaten zu **Sicherheitskräften**, und der arme Journalist ist fein raus und kann abwarten, wer gewinnt. Leider hat er damit einen Euphemismus geschaffen. Ja, es ist geradezu zynisch, von **Sicherheitskräften** zu sprechen, wenn es um Leute geht, die andere foltern und niedermetzeln. Manchmal wird aber auch hierzulande plötzlich mit der Sicherheit argumentiert, wenn verschleiert werden soll, dass Polizei und Armee gemeint sind. Wir erinnern uns da an einen CSU-Bundestagsabgeordneten, der sagte, das Land werde »regiert von Sicherheitsbeamten« – was nichts anderes ist als die deutsche Version der **Sicherheitskräfte**, die sind hier natürlich beamtet.

Sicherheitszone

Typisch antiphrastische Bildung, meint somit das genaue Gegenteil des Gesagten und ist Neusprech in Reinform. Beschrieben wird damit nicht wie angedeutet der Bereich relativer Sicherheit, sondern der Bereich absoluter Gefahr, die Gefahrenzone also. Die natürlich nicht so freundlich-beruhigend klingt. Damit ist die Verwendung des Begriffes **Sicherheitszone** nicht nur eine Lüge, sondern ein In-Kauf-Nehmen von Opfern. Denn der Ausdruck unterschlägt die Tatsache, dass jeder, der sich wirklich in Sicherheit bringen will, die **Sicherheitszone** schleunigst verlassen sollte. Als Neusprech ist die **Sicherheitszone** damit ganz hervorragend gelungen und ähnlich beeindruckend, wie eine der von George Orwell in seinem Roman »1984« verwendeten Bezeichnungen, vgl. beispielsweise das Wahrheitsministerium (*Ministry of Truth, Minitrue*) als Name für das stets lügende Propagandaministerium oder auch die von der im Buch beschriebenen Partei ständig zitierte Parole »Krieg ist Frieden«.

Sparkurs

In diesem kurzen Wort stecken gleich zwei Tricks, um das Denken zu beeinflussen. Erstens das *Sparen.* Niemand käme auf die Idee, etwas zu kritisieren, was alle vom Staat verlangen und was alle loben, wenn es denn mal geschieht, oder? Außerdem, wer Sparer kritisiert, der kann sich folgerichtig nur Verschwender als Staatenlenker wünschen. Wer tut das schon? Alle, die vom Sparen reden, können somit auf breite Zustimmung hoffen. Zweitens der *Kurs.* Die Metapher aus der Seefahrt legt nahe, dass der Sprecher einen solchen hat und somit weiß, wohin es geht und wie man dahin gelangt. Der Kurs unterstellt überlegtes Handeln. Ein **Sparkurs** jedoch ist etwas völlig anderes. Denn gespart wird hier nicht, es wird also kein überschüssiges Geld für schlechtere Zeiten aufgehoben. Es werden lediglich bereits eingeplante Ausgaben gestrichen. Der **Sparkurs** also ist eine gern hastig zusammengeschriebene Kürzungsliste. Und das allzu oft auch noch ohne Plan und einzig nach der willkürlichen Regel des geringsten Widerstandes: Vor allem dort wird gekürzt, wo die Betroffenen sich wahrscheinlich nicht beschweren oder wo Beschwerden egal sind, da diese Menschen als Wähler keine Rolle spielen. Aber **Sparkurs** klingt natürlich viel besser. Siehe auch → **Sparpaket**.

Sparpaket

Sparen gilt als Tugend, für schlechte Zeiten vorsorgen kann man schließlich nie genug. Und wer freut sich nicht über ein Paket, wir bekommen schließlich alle gern Geschenke. Alles prima also. Doch halt, beim **Sparpaket** ist Vorsicht angebracht. Denn hier wird gar nicht gespart. In der ursprünglichen Wortbedeutung steht sparen für »schonen, schützen oder bewahren«. Wer spart, der sichert sein Vermögen, indem er überzähliges Geld beiseitelegt, um seinen Schatz zu mehren. Das Plus wird also erhöht. Das Sparen, von dem in der Politik immer die Rede ist, ist dagegen der Versuch, Schulden zu verringern, indem Ausgaben gekürzt werden. Das Minus also wird verkleinert. Normale Menschen dürfen so etwas nicht sparen nennen. Gehen Sie mal zur Bank und erklären denen, Sie möchten gern sparen, ob Sie dazu bitte zuerst einen Kredit haben könnten? Sie würden nur verwirrte Blicke ernten. Wenn Politiker so etwas versuchen, guckt erstaunlicherweise niemand verwirrt. Dabei ist das noch nicht einmal alles: In dem Wort steckt noch mehr Lüge. Denn die Politik packt Pakete vor allem dann, wenn es gilt, darin Sauereien zu verstecken. Und richtig, wer sich die in solchen **Sparpaketen** geplanten → **Maßnahmen** anschaut, kommt schnell dahinter, dass die Vorhaben eigentlich Armenhilfekürzungsplan heißen müssten. Jene, die die Pakete packen, sind seltsamerweise nie betroffen, oder kennen Sie einen Fall, bei dem Politiker an sich selbst kürzten? Wir nicht. Um den Schriftsteller und Satiriker Eckhard Henscheid zu zitieren: An so einer »Paketlösung« werden wir alle noch »unser Päckchen zu tragen haben«.

Stabilitäts- und Wachstumspakt

Oxymoron, also ein Widerspruch in sich: Stabilität ist die Eigenschaft, in einem Zustand zu verharren, eben stabil zu sein. Das lateinische Adjektiv bedeutet wörtlich »standhaft«, es leitet sich vom Verb *stare*, »stehen« ab. Was aber in einem bestimmten Zustand verharrt, kann nicht gleichzeitig wachsen. Deshalb schließen sich Stabilität und Wachstum aus. Die unsinnige Verknüpfung dieser beiden Wörter erklärt sich dadurch, dass unterschiedliche Dinge gemeint sind: Die in dieser Vereinbarung erwähnte Stabilität bezieht sich auf die Währung, deren Wert sich nicht ändern soll. Das Wachstum hingegen meint das Bruttosozialprodukt, das die Bundesregierung zu steigern wünscht. Die Finanz- und Wirtschaftspolitik der hier paktierenden Staaten soll beides sicherstellen. Nebenbei, das ist der Wunschtraum wohl jeder Regierung und jedes Bürgers. Beide Begriffe sind positiv konnotiert. Sie in einer Konstruktion zu verschmelzen ist daher mindestens ebenso clever wie die Forderung nach den sich ausschließenden Konzepten vollständiger Sicherheit und Freiheit in einem Atemzug. Beim **Stabilitäts- und Wachstumspakt** allerdings gibt es eine Auffälligkeit, die skeptisch machen sollte: den → **Pakt**. Der hat eigentlich einen negativen Klang, ganz im Gegensatz zum synonymen Vertrag. Die militärischen Assoziationen, die in dem Wort mitschwingen, verraten, dass es sich bei dieser Absichtserklärung um Aktionismus handelt. Beziehungsweise um ein leeres Versprechen.

Stabilisierungseinsatz, robuster

Der **robuste Stabilisierungseinsatz** hat, auch wenn er so klingt, nichts damit zu tun, ein schiefes Haus mittels Balken und Mörtel ein wenig standfester zu machen. Er ist vielmehr ein Beispiel aus den Untiefen der Militärsprache und also Propaganda. Davon gibt es im Zusammenhang mit Armeen und Soldaten eine Menge, denn wenn es um Mord und Totschlag geht, versuchen die Beteiligten mit allen Mitteln, ihre Tätigkeiten zu verschleiern. Vgl. → **Krieg**. Und so schicken Politiker nicht etwa Soldaten und Kanonen in ein fremdes Land, sondern Friedenspanzer, Verzeihung, eine Friedenstruppe. Die soll da irgendetwas stabilisieren. Wer dabei wen oder was stabilisiert und wie, lässt der **robuste Stabilisierungseinsatz** ganz bewusst offen. Auch der angehängte »-einsatz« gibt darauf keinen Hinweis und kommt so klein und harmlos wie möglich daher. Das Attribut »robust« ist dann geradezu eine Sauerei. Denn es bedeutet nicht etwa, dass der Krisenherd so prima stabilisiert wird, dass er noch lange funktioniert. Robust steht im Kriegsvernebelungssprech für »mit Waffengewalt«, also für die Erlaubnis, auf andere → **Konfliktparteien** zu schießen. Was ironischerweise bedeutet, dass die Eingesetzten beim Stabilisieren garantiert das eine oder andere kaputt machen.

Steuersünder

Wer Steuern nicht bezahlt, ist nach gängigem sprachlichen Verständnis ein Steuerhinterzieher und somit ein Straftäter. Doch leben wir in einer Privilegiengesellschaft, daher gibt es selbstverständlich auch hier Unterschiede. Was sich nicht zuletzt an der Sprache zeigt. Sünden waren einst eine rein kirchliche Angelegenheit und galten in diesem Zusammenhang als schweres Vergehen. Seit dem Mittelalter hat sich in Kirchendingen allerdings einiges geändert, und auch die Sünde ist nicht mehr, was sie einst war. Seit der Zeit der Aufklärung ist ihr moralisches Gewicht eher gering, und so gilt sie im alltäglichen Sprachgebrauch zwar noch immer als Verfehlung, aber nicht unbedingt als Verbrechen. Sünder nehmen wir gern wieder in unsere Mitte auf, wenn sie ein wenig Reue zeigen und ein oder zwei Vaterunser beten. Folglich ist der **Steuersünder** eine privilegierte Version des Hinterziehers, einer also, dem wir gern verzeihen und sogar die Strafe erlassen. Die gleiche semantische Nachsicht zeigt sich auch beim Steuerflüchtling. Für Flüchtlinge immerhin haben wir – auch wenn wir sie nicht ins Land lassen, siehe → **Flüchtlingsbekämpfung** –, ein wenig Mitleid übrig. Dass mit diesen verharmlosenden Begriffen dauernd Menschen bezeichnet werden, die dem Staat nicht nur eine Handvoll Euro schulden, sondern gleich ganze Millionen, macht die Sache nicht gerade besser. Kein Wunder, dass Steuern zu hinterziehen kaum jemandem als Straftat gilt, die alle schädigt.

Störer, potenziell gewaltbereite

Der *Störer* ist so etwas ähnliches wie der Rüpel, der im Unterricht dazwischenruft. Nur eben nicht im Klassenraum, sondern auf der Straße. Denn wer die öffentliche Ordnung und Sicherheit beeinträchtigt oder gefährdet, beispielsweise durch hartnäckiges Herumsitzen auf einer Kreuzung, kann als Störer behandelt werden. Dafür gibt es dann einen Platzverweis oder gar den sogenannten Gewahrsam, also einen Freiheitsentzug, der nicht Festnahme heißen soll, weil er nicht so lange dauern darf. So weit ist das rechtlich vergleichsweise unstrittig. Allerdings rechtfertigen Einsatzleiter der Polizei und Innenminister ein hartes Vorgehen ihrer Polizisten gern damit, es hätten sich haufenweise **potenziell gewaltbereite Störer** bei einer Demonstration herumgetrieben. Und zeigen so, dass dieser Begriff genau das ist: eine Rechtfertigung. Denn das Substantiv Störer ist wie viele Substantive auf *-er* ein Nomen agentis, also ein Substantiv, das einen Handelnden bezeichnet. Dazu passt das Adjektiv *gewaltbereit* nicht, denn wer nur bereit ist, hat eine Handlung, hier die Gewaltanwendung, ja noch gar nicht durchgeführt und ist mithin als unschuldig zu betrachten. Die einzige mögliche Bedeutung des Ausdrucks **gewaltbereiter Störer** besteht also darin anzunehmen, dass zunächst nur eine gewaltlose Störung vorliegt, der Störer aber auch anders handeln könnte. Die adverbiale Modifizierung *potenziell* weist jedoch daraufhin, dass diese Bereitschaft nur als Möglichkeit besteht, also gar nicht real ist. Das ist nicht falsch, immerhin ist jeder Mensch potenziell zu Gewalt bereit, aber es ist eben deswegen Unsinn. Wer den Ausdruck gebraucht, tappt damit in eine Abschwächungsfalle. Denn die übertriebene Potenzierung legt nahe, dass die **potenziell gewaltbereiten Störer** wohl eher friedliche und höchstwahrscheinlich unschuldige Menschen sind, siehe auch → **Gefährder, potenzielle**. Gleichzeitig kann der Ausdruck – angewandt auf friedliche Demonstrationsteilnehmer – dazu dienen, diese zu schmähen. Dann handelt es sich um einen pejorativen, also verunglimpfenden Dysphemismus.

Störerhaftung

Wer ist schuld? Das ist eine beliebte Frage, nicht nur in Beziehungen. Da der Gesetzgeber in seiner allseits fürsorglichen Art nicht mit den Schultern zucken mag, wenn sich diese wieder einmal nicht beantworten lässt, hat er sich einen Trick ausgedacht. Der Trick heißt **Störerhaftung** und bedeutet: Wenn wir den wahren → **Störer** nicht kriegen, nehmen wir eben den Nächstbesten. Wenn also Fremde mit der eigenen Netzverbindung Unsinn anstellen und anschließend nicht zu ermitteln sind, ist der Besitzer schuld. Denn man ist, so die nur für Juristen logische Logik, auch für die Folgen eines Dingsbums verantwortlich, wenn man gar nicht dabei war. Es genügt, »verfügungsbefugt« gewesen zu sein. Da steckt zweimal »fug« drin, das kann also gar kein Unfug sein. Neu ist das nicht. Die **Störerhaftung** entspricht der bei Armeen beliebten Idee des »Kameradendiebstahls«: Wer seinen Spind nicht abschließt, verleitet Kameraden dazu, ihn auszuräumen, und wird somit genauso hart bestraft wie der Dieb. Bei Sturmgewehren (auch ein schönes Wort), ist das vielleicht noch zu verstehen. Aber warum ein drahtloses Netzwerk aka WLAN so riskant sein soll, dass unbedingt immer irgendwer dafür haftbar gemacht werden muss, ist uns nicht so ganz klar. Und wie sieht das beispielsweise mit Kindern aus? Kann man für die auch lebenslang in **Störerhaftung** genommen werden? Immerhin hat man durch eine, wie es zur Begründung der **Störerhaftung** heißt, »eigenständige Handlung«, hier die Zeugung, die Beeinträchtigung bewirkt. Sollte man Kinder also auch besser wegsperren?

Stresstest

Das Wort »Stress« hat schon viel erlebt: Auf der Basis des lateinischen *stringere*, das »drücken, umklammern« heißt, und seiner volkssprachlichen Substantivableitung *strictia* entstand im Altprovenzalischen das poetische Wort *destressa*. Es bezeichnete das Gefühl des Leidens und des Kummers, insbesondere in Angelegenheiten unerfüllter Liebe. Über das altfranzösische *destresse*, das es in der Form *détresse* (»Notlage«, »Kummer«) im Französischen immer noch gibt, gelangte es in der kürzeren Version *stress* ins Englische. Dort fanden es Anfang des 20. Jahrhunderts Psychologen und nutzten es, um den Zustand zu beschreiben, der heute auch in der Umgangssprache als Stress bezeichnet wird (im Englischen auch als Verb *to stress* verwendbar) – übrigens vor allem im germanischen Sprachraum: Ein Italiener würde nicht von sich sagen, er sei gestresst (als Lehnwort *stressato*), sondern sich als müde oder erschöpft bezeichnen (*stancato*). Briten und Deutsche hingegen scheuen die Müdigkeit, sind stattdessen lieber »im Stress« und drücken damit aus, dass sie weiter aktiv sind, so schlecht es ihnen dabei auch gehen mag. Die Wirtschaft, die ja immer auf der Suche nach Wunderworten ist, um Menschen über den wahren Sinn einer Ware zu täuschen (vgl. → **Biosprit** oder → **just in time**), hat sich des Begriffes sicher gern angenommen. Und so stehen nun plötzlich ganze → **Märkte** unter Stress, oder es wird gar vorgeschlagen, Banken einem **Stresstest** zu unterziehen. Das soll Vertrauen in die zu testenden Institutionen wecken, denn es spielt mit der Assoziation, dort werde unter ärztlicher Aufsicht und unter Einhaltung diverser Vorsichtsmaßnahmen ausprobiert, wie belastbar ein System ist. Damit aber wird das, was in der Medizin lediglich ein Verfahren zur Diagnose ist, von Wirtschaft und Politik als Heilmittel verkauft. Der **Stresstest** soll nicht nur einen Befund erbringen und zeigen, welche Bank einer Belastung standhält. Er soll zugleich das Medikament sein, um die nervösen → **Märkte** zu beruhigen. So als sei das Fieberthermometer im Mund schon die Behandlung. So viel Hoffnung setzt die Politik in dieses Instrument, dass sie sogar versucht, damit marode Atomkraftwerke zu therapieren. Schon bei Menschen ist es keine gute Idee, sie absichtlich unter Druck zu setzen, denn es ist nie klar, wie sie wirklich reagieren und ob bereits geschwächte Patienten beim **Stresstest** nicht gänzlich zusammenbrechen. Bei Atomkraftwerken kann das Ganze zur Katastrophe führen, wie der 1986 in Tschernobyl durchgeführte Belastungstest eindrücklich gezeigt hat. Daher ist der schon für Finanzen unangemessene Begriff für Atomkraftwerke völlig heuchlerisch. Wer ihn nutzt, will lediglich seine → **Handlungsfähigkeit** demonstrieren und suggerieren, die Technik sei beherrschbar und sicher. Ist sie aber nicht. Anderen weiszumachen, ein riskantes System werde allein dadurch sicherer, dass es nur stark genug beansprucht wird, ist lebensgefährlich.

Stromveredelung

Strom ist nicht gleich Strom. Wie das im Kapitalismus so ist, kann der gleiche Strom teurer und billiger sein. Wollen viele ihn haben, müssen sie mehr bezahlen, obwohl derjenige, der ihn produziert, weder mehr Mühe noch mehr Kosten dadurch hat. Die, die daran verdienen, nennen das die »Gesetze des → **Marktes**«. Der Autor Klaus Vorwerk nannte es in einem gleichnamigen Buch treffender »die Religion der Diebe«. Wie recht er damit hat, zeigt sich an Begriffen wie der **Stromveredelung**, einer Schöpfung der damit befassten Industrie. In der Linguistik würde dieses Wort Hyperbel genannt: Übertreibung. Denn mit ihm wird ein technisch banaler Vorgang blumig umschrieben: die Speicherung gerade nicht gebrauchten Stroms in Pumpspeicher- oder Druckluftkraftwerken. Edler wird er dadurch natürlich nicht. Er wird lediglich weniger, da der Wirkungsgrad der Anlagen gering ist. Gleichzeitig kann er aber zu einem anderen Zeitpunkt verkauft werden – dann nämlich, wenn viele ihn brauchen und gezwungen sind, zu bezahlen, was der Anbieter verlangt. Mehr, in erster Linie. Das Verfahren taugt auch dazu, aus Atomstrom, der billig, aber irgendwie mies angesehen ist, Ökostrom zu zaubern. Der ist cool und das kostet natürlich mehr. Warum? Siehe oben.

Studienbeiträge

Bildung war für Wilhelm von Humboldt nicht Ausbildung in einem bestimmten Beruf, für ihn war sie die Bildung eines möglichst autonomen und entfalteten Menschen. Und was ist der größte Gegner solcher Freiheit? Genau: Abhängigkeit. Daher sollten die Bildungsbeflissenen nichts zahlen müssen und Zustiftungen das Geld erbringen – freiwillige Gaben ohne Verpflichtung. Er nannte sie Beiträge, im Sinne von Beiträgen der Nation zu einer guten Sache. Eine schöne Idee. Das fand offensichtlich auch das Centrum für Hochschulentwicklung. Denn es versucht, das Wort **Studienbeiträge** zu installieren und der Politik tatkräftig bei der Einführung solcher zu helfen. Das klingt erst einmal hehr, denn wer würde nicht seinen Beitrag leisten wollen, um die Bildung unseres Nachwuchses zu verbessern? Leider, leider ist das so nicht gemeint. Denn diese Abgabe ist nicht freiwillig und auch kein Beitrag, sie ist eine Gebühr, dem Gebührenschuldner vom Staate auferlegt, um für eine vom Staat in Anspruch genommene Leistung zu zahlen. Wer unbedingt studieren will, so die Logik der Studiengebühren, wie sie ehrlicherweise genannt werden sollten, soll gefälligst selbst dafür zahlen. Kostet ja schließlich, so eine Universität, und warum müssen alle dafür aufkommen, haben ja nur ein paar was davon, oder? Was für eine kurzsichtige und dumme Politik, die das Centrum für Hochschulentwicklung da zu beschönigen versucht: Wenn eine Nation sich bildet, profitieren alle, je mehr, desto stärker. Die Kosten dafür über Gebühr einer bestimmten Gruppe aufzubürden, ist nicht nur nicht gerecht, es ist auch im schlimmsten Sinne → **nachhaltig**. Wer an Bildung spart – und nur darum geht es hier –, der sorgt dafür, dass die daraus resultierenden Folgen irgendwann die ganze Nation bezahlt.

systemrelevant

Herrjemine, das klingt gefährlich. Das gesamte System könnte zum Teufel gehen, wenn dieses eine Rädchen bricht? Auweia! Dann sollten wir wohl besser auf unsere

Politiker hören und schnell ganz viel Geld an die → **Finanzindustrie** verschenken. Schließlich war nach Aussage der Bundesregierung bisher noch jede Bank **systemrelevant**, die schlecht gewirtschaftet hatte und deswegen pleite zu gehen drohte. Und genau deshalb sollten wir das nicht glauben. Denn hinter dem Begriff versteckt sich eine der wohl größten Lügen unserer Zeit. Für ein System gilt üblicherweise, dass alles, was zu ihm gehört, auch relevant ist, daher für den Betrieb irgendwie wichtig. Immerhin hängt in einem System alles mit allem zusammen. Wem auf der Autobahn schon mal eine Radmutter abhanden kam, weiß, was gemeint ist. Somit kann jede Störung letztlich gefährdend sein, egal wie groß oder klein sie ist. Der Begriff **systemrelevant** umfasst also entweder alles oder – was in diesem Fall wahrscheinlicher ist – gar nichts. Was bedeutet, dass er uns Angst machen soll, damit wir unsere Kohle rausrücken beziehungsweise nichts dagegen haben, wenn die Bundesregierung mit beiden Händen Steuergeld verschenkt.

T

Tagesordnung

Die **Tagesordnung** ordnet den Ablauf eines Tages, vor allem den eines Sitzungs- oder Verhandlungstages. Ordentlich aufgereiht stehen auf ihr die zu besprechenden Dinge, Punkt für Punkt kann anschließend abgearbeitet werden. Das chaotische Leben bekommt so eine Struktur, der überforderte Mensch einen Halt. Der Wunsch, von einer einmal aufgestellten **Tagesordnung** abzuweichen, ist daher nicht unbedingt groß, weswegen es umfangreicher Anträge bedarf, um eine **Tagesordnung** zu ändern. Und wenn es zu einem Thema Streit gibt und es lieber vertagt und nicht weiter verhandelt werden soll, dann geht man eben zur **Tagesordnung** über. Zurück also zur Liste des Geplanten. Bei akuten → **Ereignissen**, umgangssprachlich auch Krise oder Katastrophe genannt, sagen Politiker gern und mit betroffenem Gesichtsausdruck, dass angesichts der Folgen jetzt nicht einfach zur **Tagesordnung** übergegangen werden könne. Das klingt dann so, als nähmen sie das Ganze ernst und seien bereit, ihr Handeln zu unterbrechen und ihre Pläne zu überdenken. Was ein klein wenig in die Irre führt. Da sie eigentlich eben nicht vorhaben, etwas an ihrem Kurs (die maritime Metapher der **Tagesordnung**, → **Sparkurs**) zu ändern. Vielmehr geht es um ein mehr oder weniger langes → **Innehalten**. Anschließend soll es dann bitte weitergehen wie bisher. Vgl. → **alternativlos**.

Tötung, gezielte

Erschießen von → **Aggressoren** durch Soldaten, ohne dass sich das Land im Krieg befindet. Der Begriff hat eine englische Entsprechung: *targeted killing*, wobei nicht klar ist, von welcher Sprache in welche übersetzt wurde. Eigentlich staatlich sanktionierter Mord, daher das Umbringen eines Menschen ohne gesetzliche Rechtfertigung und insofern ein Euphemismus. Die Wortwahl zeigt, wie klar sich die Beteiligten darüber sind, dass ihr Verhalten irgendwie nicht in Ordnung ist: *gezielt* soll nahelegen, dass der oder die Täter a) schon den Richtigen treffen werden, und dass er oder sie b) wissen, was sie tun. *Tötung* dann ist der Versuch, das Ganze so sachlich wie möglich darzustellen und gleichzeitig Rechtsstaatlichkeit zu simulieren. Die **gezielte Tötung** ist eine Analogiebildung. Denn es gibt nur einen anderen Zusammenhang, in dem das ungewöhnliche Substantiv verwendet wird, im Strafgesetzbuch. In jedem anderen Kontext spricht man nicht von **gezielten Tötungen**, sondern von Töten. Eine gesetzliche Grundlage für diese Form der Gewalt aber gibt es in keinem demokratischen Land. Weswegen die Verantwortlichen versuchen, sie über den Umweg der Notwehr zu rechtfertigen. Spätestens das offenbart, wie absurd es für einen Rechtsstaat ist, Menschen zu erschießen, statt sie vor ein Gericht zu stellen. Denn Notwehr ist nur dann eine, wenn auf einen aktuellen Angriff reagiert wird und zwar adäquat – daher nur mit der Gewalt, die notwendig ist, um ihn zu stoppen. Wer härter zuschlägt, als er müsste, macht sich strafbar. Und wer zuschlägt, obwohl es gerade gar keinen Angriff gibt – egal, was in der Vergangenheit geschah oder in der Zukunft geschehen könnte –, wird selbst zum Angreifer. Daher gilt, wie der Satiriker Wiglaf Droste schrieb: »Selbst wer schlicht ist, muss erkennen / Mörder soll man Mörder nennen.« Vgl. → **Rettungsschuss, finaler**, → **Verhörmethoden, umstrittene** und → **Feindstrafrecht**.

Treuhand

Der Ausdruck diente viele Jahre lang als Kurzbezeichnung der »Anstalt zur treuhänderischen Verwaltung des Volkseigentums«. Wer es schon vergessen hat: ihre Aufgabe war es, von der Wirtschaft der DDR zu retten, was irgend zu retten war. Zumindest glaubten das viele der in dieser Wirtschaft beschäftigten Menschen. In ihren Ohren muss **Treuhand** gut geklungen haben. Denn es ist ein uralter Rechtsbegriff und übersetzt das lateinische *manus fidelis*. Eine »treue Hand« handelt ohne eigenes Interesse – also treu für einen anderen, der ihr vertraut. Wie in der ursprünglichen Bezeichnung noch ersichtlich, war der Treugeber das Volk, in dessen Interesse zu handeln gewesen wäre. Es entsprach dann wohl nicht so ganz dem Interesse dieses Volkes, dass die meisten Betriebe geschlossen, aufgeteilt oder an Figuren mit eher zweifelhaften oder gar kriminellen Interessen verkauft wurden. Denn eine Sanierung, also eine Erhaltung und Bewahrung des zu treuen Händen übernommenen Vermögens war nicht vorgesehen. Das steht auch ganz unverblümt im namengebenden »Treuhandgesetz«: Unternehmen seien in erster Linie zu privatisieren, heißt es da, oder müssen, wenn das nicht möglich ist und sie als »nicht sanierungsfähig« gelten, stillgelegt werden. So war die **Treuhand** in Wirklichkeit eine Anstalt zur Abwicklung von volkseigenen Betrieben. Ihre Aktivitäten dürften also eher mit denen einer Insolvenzverwaltung vergleichbar sein, nur eben deutlich ungeordneter (→ **Insolvenz, geordnete**).

U

Umweltprämie

Die **Umweltprämie** ist vor allem eines: ein Beleg für die Macht der Sprache (und natürlich für die des Geldes). Für einen Rabatt von kaum mehr als elf Prozent waren nahezu zwei Millionen Deutsche bereit, ihr Auto zu verschrotten. Sie waren bereit, sich sofort ein neues zu kaufen – egal ob sie es brauchten oder es sich überhaupt leisten konnten. Die **Umweltprämie** suggerierte ihnen, sie würden damit der Umwelt etwas Gutes tun. Was niemand glaubte. Umgangssprachlich heißt die **Umweltprämie** daher sehr viel treffender *Abwrackprämie*. Eigentlich aber war sie eine versteckte Industrieförderung. Denn die Abwracker taten nichts weiter, als die Taschen der Autoindustrie zu füllen. Und warum? Weil gierige Hasardeure das Wirtschaftssystem ausgeplündert hatten und armselige Politiker fürchteten, deswegen bei der kommenden Wahl ihr Amt zu verlieren. Also nahmen sie das von ihren Bürgern eingezahlte Steuergeld und schenkten es über einen kleinen Umweg der Industrie. Oder, wie Hans Magnus Enzensberger schreibt: »Abwrackprämie, die; Belohnung für die Vernichtung von Gebrauchtgegenständen; ihr Besitzer empfängt die Prämie, die er als Steuerzahler entrichtet.« Die Umwelt übrigens, die für die Benennung herhalten musste, hatte von allen wohl den geringsten Gewinn. Im Gegensatz zu denen, die für die Verluste an den → **Märkten** verantwortlich sind. Die machen einfach weiter und werden mit immer neuen Steuermilliarden unterstützt. Allerdings hat man bei den als → **Rettungsschirm** bezeichneten Geldgeschenken für die Banken irgendwie vergessen, den Bürgern wieder ihre elf Prozent abzugeben.

V

Verbunddatei (Rechtsextremismus)

Die **Verbunddatei (Rechtsextremismus)** ist eindeutig Neusprech, das Wort gab es bis vor kurzem nicht. Allerdings entspricht es nicht den üblichen Nebel- und Schleierkategorien. »Datei« ist ein Kofferwort aus »Daten« und »Kartei«, erfunden vom Deutschen Institut für Normung, um eine Sammlung zusammengehörender digitaler Daten zu beschreiben. »Verbund« immerhin gibt einen zarten Hinweis auf die Struktur der Angelegenheit und deutet an, dass hier etwas verknüpft wird. Eine Datei also, die aus verschiedenen Daten besteht? Eigentlich gibt es ein eingeführtes Wort dafür, es lautet Datenbank. Die **Verbunddatei (Rechtsextremismus)** nun entsteht, indem in Datenbeständen diverser staatlicher Stellen nicht näher bezeichnete Informationen gesucht werden, die auf rechtsextreme → **Gefährder** hindeuten. Diese Informationen werden dann samt den Namen der Betreffenden und ihrer »Kontaktpersonen« in einer »gemeinsamen standardisierten zentralen Datei« gespeichert, wie das Innenministerium sie nennt, also in einer neuen Datenbank. Es ist somit eine Sammlung einer unbekannten Menge an Informationen über eine unbekannte Anzahl an Menschen. Um von einer Beschreibung wie, sagen wir, »behördenübergreifende Datenbank mit fragwürdiger datenschutzrechtlicher Legitimation zur Speicherung persönlicher Informationen zur Identifizierung rechtsradikal motivierter Straftaten« auf einen Begriff wie **Verbunddatei (Rechtsextremismus)** zu kommen, muss man schon ordentlich steif sein. Aber der Wunsch nach Verschleierung war wohl nicht Ursache der seltsamen Namensgebung. Eher der Versuch, das Ding irgendwie knackig zu benennen. Amerikanische Behörden behelfen sich in solchen Situationen mit mehr oder weniger witzigen Abkürzungen, meist aus den Anfangsbuchstaben der die Sache beschreibenden Wörter. Wir erfinden lieber neue Komposita. Es scheint hierzulande eine gewisse Lust daran zu existieren, mit Worten um sich zu werfen, die der Allgemeinheit nicht vertraut sind. Die sind dann eben mal mehr und mal weniger gut gelungen. In diesem Fall Letzteres. Denn **Verbunddatei (Rechtsextremismus)** ist einfach nur Stümperdeutsch. Es erklärt nichts. Die Idee dahinter kann man selbstverständlich trotzdem gut finden. Man kann sich aber auch fragen, ob da nicht eine Verdächtigendatenbank (Rechtsextremismus) entsteht, die nach geheimen Kriterien sortiert ist und für einen unklaren Zweck gebaut wurde. Vgl. → **Antiterrordatei**.

Verfassungsschutz

Staatliche Einrichtung, deren Aufgabe es ist, wie es im zuständigen Gesetz heißt, Informationen über Bestrebungen zu sammeln, die sich gegen die »freiheitliche demokratische Grundordnung« richten. Der **Verfassungsschutz** soll also dafür sorgen, dass hierzulande niemand Verschwörungen mit dem Ziel plant, unsere im Grundgesetz verankerten Rechte abzuschaffen. Von diesen Rechten gibt es eine ganze Menge: das Brief- und das Postgeheimnis etwa, die Unverletzlichkeit der Wohnung, die Rede- und Demonstrationsfreiheit, das Vertrauen in die Sicherheit von Computern – nur um ein paar Beispiele zu nennen. Im Prinzip eine tolle Idee. Leider kann der **Verfassungsschutz** das offensichtlich nur, indem er heimlich Briefe und Mails liest, Telefonate belauscht, in Wohnungen einbricht, beobachtet, wer wofür demonstriert, und Computer verwanzt. Nur um ein paar Beispiele zu nennen. Aber schließlich können Verfassungsschützer ja »nicht ständig das Grundgesetz unter dem Arm tragen«, wie der damalige Bundesinnenminister schon 1963 wetterte, nachdem bekannt geworden war, dass der **Verfassungsschutz** alle möglichen Leute abgehört hatte. Trotzdem: Bei dieser Institution handelt es sich entweder um eine Fehlkonstruktion oder um eine unkorrekte Bezeichnung. Da wir an das erste einfach nicht glauben wollen – denn wer würde schon die Schützer des Rechts außerhalb desselben stellen und sie damit jeder Kontrolle entziehen? –, war es hoffentlich wohl nur eine schlampige Benennung. Gemeint war sicher Inlandsgeheimdienst. Vgl. → **grundrechtsschonend**.

Verhörmethoden, umstrittene

Im englischen Original *enhanced interrogation techniques*, »erweiterte Befragungsmethoden«. Meist im Plural verwendeter Sammelbegriff für Handlungen von Polizisten, Soldaten und Geheimdienstmitarbeitern, die gemeinhin als Folter gelten, also das Quälen von Gefangenen. Vor allem gebraucht für das *water boarding* genannte simulierte Ertränken, aber auch für andere Foltermethoden, die keine körperlichen Spuren hinterlassen. Die Misshandlungen wurden im Rahmen des »Kampfes gegen den Terror« der Vereinigten Staaten von 2001 bis 2007 zu Befragungs- oder Verhörmethoden umgedeutet und mit eindeutiger Billigung der Regierung eingesetzt. Medien bezeichneten diese in ihren Berichten darüber dann als **umstrittene Ver-**

hörmethoden, manchmal auch als »äußerst **umstrittene Verhörmethoden**«. Jedoch sind die Techniken weder geeignete **Verhörmethoden**, noch sind sie **umstritten**. Sie sind vielmehr immer ein Verstoß gegen die Grundrechte und gegen internationale Verträge wie die UN-Konvention gegen Folter oder die Genfer Konvention zur Behandlung von Kriegsgefangenen. Sie sind damit in einem Rechtsstaat Unrecht. Trotzdem drücken sich viele Medien vor einer klaren Ablehnung und vermeiden bei der Beschreibung der Vorgänge das Wort *Folter*. Stattdessen ersetzen sie die euphemistische Bezeichnung der amerikanischen Regierung durch eine eigene Vernebelung. Was darauf hindeutet, dass es nicht wenige Menschen gibt, die Misshandlungen für gerechtfertigt halten, wenn das Opfer ihnen nur als bedrohlich genug dargestellt wird. Vgl. auch → **Feindstrafrecht**, → **Rettungsschuss, finaler** und → **Tötung, gezielte**.

Versachlichung

Wenn alle Argumente gegen eine politische Forderung sprechen, ist der Ruf nach **Versachlichung** der verzweifelte und letzte Versuch, diese offensichtlich unsinnige Forderung noch aufrecht zu halten. Die Verteidigung funktioniert dabei nach dem Prinzip der Schuldumkehr, denn der Wunsch nach **Versachlichung** enthält den indirekten Vorwurf, alle anderen hätten nicht etwa recht, sondern seien lediglich unsachlich. Das erinnert stark an das sogenannte Goodwinsche Gesetz zu Debatten im Internet. Das besagt, dass sich die Wahrscheinlichkeit für einen Vergleich mit Hitler oder den Nazis mit zunehmender Länge einer Online-Diskussion dem Wert eins nähert. Daher lautet die

Biermann-Haase-Erweiterung von Godwins Gesetz: Je länger eine politische Diskussion dauert, desto höher ist die Wahrscheinlichkeit, dass jemand die **Versachlichung** derselben fordert. Beziehungsweise: Wenn jemand die **Versachlichung** einer politischen Debatte verlangt, ist die Debatte beendet und der Forderer der argumentative Verlierer. Herleitung: Beim Substantiv **Versachlichung** handelt es sich um eine Ableitung von *versachlichen*, das auf das Adjektiv *sachlich* zurückgeht, das wiederum das Lehnwort *objektiv* verdeutscht. Eine versachlichte Debatte aber ist ein Widerspruch in sich, eine Contradictio in adiecto. Denn eine Diskussion zeichnet sich gerade dadurch aus, dass die vertretenen Standpunkte eben nicht objektiv sind, sondern auf der Grundlage verschiedener Haltungen die Fakten unterschiedlich gewichten. Wer diese Tatsache kritisiert, hat sonst keine Argumente mehr und versucht, von genau diesem Umstand abzulenken.

Verwahrung

Eine der schlimmsten Strafen, die Menschen kennen, ist der Verlust der Freiheit. Jene, die es betrifft, finden daher durchaus drastische Worte dafür und nennen das Phänomen Knast, Bunker, Karzer, Kerker … Jene, die die Strafen verhängen, sind dagegen eher interessiert, das Ganze für den Rest der Welt ein wenig zu beschönigen. Wodurch sie aber – wie so oft – der Wahrheit näher kommen, als ihnen lieb sein kann. So auch mit der **Verwahrung**. Das Wort kommt harmlos daher, beschreibt es doch vor allem das »Sichern von Dingen«, die man nicht verlieren will. Was ja nicht schlecht ist. Menschen jedoch werden damit verdinglicht (das Gegenteil von Personifizierung). Vor allem aber wird verschleiert, dass die Verurteilung zum Freiheitsentzug sich ins Endlose dehnt, denn sie tritt erst nach Ablauf der eigentlichen Strafe ein. Besonders perfide ist die Sicherungsverwahrung, weil bei ihr gesichert und verwahrt wird, was gleich zwei Mal eine solche Verdinglichung darstellt, denn nur Gegenstände können gesichert werden. Darüberhinaus ist der Begriff ein Pleonasmus, weil die **Verwahrung** schon eine Sicherung ist. Übrigens, aber das nur nebenbei, wurde die **Verwahrung** einst tatsächlich mit Bezug auf Personen verwendet. Dann aber hatte sie die Bedeutung »(ver-)pflegen« oder »für etwas sorgen« und meinte nicht »auf unbestimmte Zeit wegsperren«.

V-Mann

Umgangssprachliche Abkürzung, eigentlich Vertrauensperson, manchmal auch Verbindungsperson (V-Person). Bezeichnet Kriminelle, die bereit sind, dem Staat, insbesondere dem → **Verfassungsschutz**, nützliche Informationen zu überlassen oder wenigstens so zu tun. Als Gegenleistung erhalten sie Geld. Worauf sich das Vertrauen in dieser Wortkonstruktion bezieht, ist nicht ganz klar. Möglicherweise darauf, dass die Angeheuerten Menschen sind, denen vertraut werden kann. Angesichts diverser Fälle, in denen die Spitzel ihre Geldgeber belogen und täuschten, oder andere gar noch zu Taten anstifteten, statt sie nur auszuspähen, sind daran allerdings Zweifel angebracht. Weshalb das Erstglied des Kompositums wohl eher bedeutet, dass die Geheimdienstler darauf vertrauen müssen, irgendetwas zu erfahren, was ihnen bei der Bekämpfung der Kriminalität nützt. Oder dass sie darauf vertrauen, dass mit ihrem Geld keine neuen Verbrechen begangen werden.

Weshalb es sich möglicherweise um eine Antiphrase handelt, also vor allem die Tatsache verschwiegen werden soll, dass diesen Spitzeln besser nicht vertraut werden sollte. Dass der Wunsch groß ist, das Verfahren sauberer aussehen zu lassen, als es wahrscheinlich ist, zeigt auch eine andere Wortkonstruktion: Wenn mal wieder etwas schief gegangen ist, wird gern gefordert, die V-Leute nun abzuziehen. Was nahelegen soll, dass sie ordentliche Staatsangestellte oder gar Soldaten sind, die einfach woandershin versetzt werden können. Sind sie aber nicht. Sie sind Kriminelle, und niemand kann sie abziehen. Man kann nur aufhören, ihnen Geld zu geben.

Vorratsdatenspeicherung

Vorräte sollen, angelegt in guten Zeiten, dazu dienen, auch in schlechten überleben zu können. Vorräte zu besitzen, gilt nicht nur als notwendig, sondern als vorausschauend und klug. Die **Vorratsdatenspeicherung** legt nahe, dass es nützlich ist, Vorräte an irgendwelchen nicht näher bezeichneten Daten zu haben. Nützlich ist es tatsächlich, allerdings nur für Polizei und Staatsanwaltschaften. Bürger werden durch das Anlegen dieser Vorräte unter Generalverdacht gestellt, da all ihre Kommunikationsdaten ohne Anlass und ohne konkreten Verdacht mitgeschnitten und für sechs Monate aufbewahrt werden. Dank des flächendeckenden und genau aus diesem Grund vom Bundesverfassungsgericht gestoppten Einsatzes der **Vorratsdatenspeicherung** werden Kommunikationsstrukturen rekonstruierbar und bis dahin verborgene Beziehungsmuster sichtbar. Die **Vorratsdatenspeicherung** ist somit ein Euphemismus, eine Beschönigung eines eher nicht so schönen Sachverhalts.

Die sprachliche Täuschung ist offensichtlich beabsichtigt. Nachdem der Begriff **Vorratsdatenspeicherung** in der öffentlichen Debatte mehr und mehr zu einem negativen Ausdruck wurde, wird das Verfahren inzwischen mindestens ebenso verbrämend als → **Mindestdatenspeicherung** oder auch als Datenvorhaltung bezeichnet. Um Arthur Schopenhauer zu zitieren: »Wenn einer seinen Namen ändert, so kommt es daher, dass er den früheren nicht mehr in Ehren tragen kann; aber er bleibt derselbe und wird dem neuen Namen nicht mehr Ehre machen als dem alten.« Ehre macht das Verfahren bestimmt nicht, angesichts der Wirkung für die Betroffenen sollte es besser Datenhamsterung, Datenhortung oder Datenscheffelei heißen.

Vorruhestand

Der Ruhestand ist definiert als die Zeit des Nicht-Mehr-Arbeiten-Müssens, als Zustand der Ruhe eben, Gegenpol zu Hektik, Bewegung und Schufterei. Womit sich die Frage aufdrängt, wie ein Zustand aussehen könnte, der sich kurz vor diesem Ruhestand befindet? Denn dabei kann es sich eigentlich nur um die Unruhe handeln, um Tätigkeit somit. Die aber ist offensichtlich nicht gemeint. Die zuständige Bundesagentur für Arbeit definiert den **Vorruhestand** als »Altersrente wegen Arbeitslosigkeit«. Eine klassische Rente also, in die die hoffnungslosen Fälle gescheucht werden, damit sie nicht länger als arbeitslos gelten und nicht weiter die schöne Statistik ruinieren. Vgl. → **arbeitssuchend**. So etwas wie eine Stilllegungsprämie für nicht mehr verwendbare → **Arbeitnehmer** also. Was natürlich nicht so nett klingt wie ein **Vorruhestand**. Selbstverständlich kostet diese erzwungene Ruhe etwas. Der Betroffene zahlt nämlich weniger ein und bekommt theoretisch mehr heraus. Weswegen er natürlich eine Kürzung seiner Rente hinnehmen muss, Abschlag genannt. Die Betroffenen bezahlen also in erster Linie dafür, dass ihr Einkommen statt Arbeitslosengeld nun Rente heißt.

W

Wachstum, negatives

Siehe → **Negativwachstum**.

Wachstumsdelle, vorübergehende

Gelegentlich beschleicht uns der Verdacht, dass Politiker mit ihren Wortschöpfungen nicht nur den Wählern, sondern auch sich selbst etwas vormachen wollen. Wenn beispielsweise der Wirtschaftsminister mitten in einer weltweiten Schuldenkrise von einer **vorübergehenden Wachstumsdelle** spricht, kann das eigentlich nur ein Ausdruck verzweifelter Hoffnung sein. Das wird schon durch die Verwendung des Wortes »Delle« deutlich, das eine flache Vertiefung in einer sonst makellosen Oberfläche bezeichnet; man denkt unwillkürlich an einen kleinen Kratzer am Auto. Dieses aus der Umgangssprache entlehnte Wort wird in einem Terminus technicus verwendet, noch dazu in Verbindung mit dem Partizip *vorübergehend*. Das Wachstum der Wirtschaft, soll das bedeuten, sei ausgerechnet jetzt für einen kurzen Moment nicht so großartig, sonst aber ganz prima – sozusagen die lästige Folge eines kleinen Unfalls. In einer Zeit, in der einige europäische Länder kaum noch in der Lage sind, die Zinsen für ihre Schulden zu bezahlen, klingt das, sagen wir, mutig. Oder wie der Versuch, sich selbst die Situation schön zu reden. Allerdings hat der Wirtschaftsminister nicht weit genug gedacht, sonst hätte er sich den Ausdruck verkniffen. Denn das Sprachbild funktioniert nicht, weil hier ein beredter Metaphernkonflikt vorliegt: Eine Delle geht nicht von selbst wieder weg, wie das intransitive *vorüber-gehend* suggeriert. Sie muss von jemandem ausgebeult werden. Wenn das Wachstum also tatsächlich eine Delle hätte, wer wäre dann der Richtige, um für ihre Beseitigung zu sorgen? Genau: der Wirtschaftsminister. Nun, wir sind gespannt, vielleicht hat er ja ein paar → **Eckpunkte**, um etwas gegen die Krise zu tun.

Wahlmaschine

Auch *Wahlgerät, elektronisches*. Bezeichnung für einen bei Wahlen zur Abgabe und Zählung der Stimmen eingesetzten Computer. Beide Formulierungen verfolgen offensichtlich das gleiche Ziel: Sie sollen vergessen machen, dass es sich um digitale Technik handelt, eben um Computer. Das ist erstaunlich, da es in der politischen Reklamesprache normalerweise gar nicht modern genug zugehen kann, wenn ein neues Verfahren vorgestellt wird, vgl. → **ePass**. Bei den **Wahlmaschinen** hingegen wird auf die aus der Zeit des Dampfantriebes stammenden Begriffe *Maschine* und *Gerät* zurückgegriffen. Warum? Wahrscheinlich damit die Wähler keine Angst vor den Dingern haben. Verschiedene Gruppen haben vorgeführt, dass Wahlcomputer manipuliert werden können, ohne dass die Wähler eine Möglichkeit haben, die Fälschungen der Wahlergebnisse auch nur zu erkennen. Aufgrund dessen hat das Bundesverfassungsgericht den Einsatz von **Wahlmaschinen** in Deutschland wegen mangelnder öffentlicher Nachvollziehbarkeit für verfassungswidrig erklärt. Der sprachliche Rückgriff auf das Zeitalter der Mechanik soll offensichtlich durch Anklänge an Bekanntes und Bewährtes Vertrauen in die Technik wecken und die **Wahlmaschinen** beherrschbar und sicher erscheinen lassen.

Warnschussarrest

Verharmlosend für Haftstrafe. Jugendlichen, die für eine Tat zur Bewährung verurteilt werden, soll nach dem Wunsch konservativer Politiker zusätzlich ein **Warnschussarrest** verordnet werden. Härtere Strafen seien angesichts der von Jugendlichen verübten Gewalttaten dringend notwendig, argumentieren sie und stellen sich darunter bis zu vier Wochen Knast vor. Was zeigt, dass die Bezeichnung mindestens irreführend ist. Denn ein Warnschuss ist laut Polizeirecht ein in die Luft abgegebener und somit ungefährlicher Schuss, der damit drohen soll, dass danach ein gezielter Schuss folgt. Der **Warnschussarrest** aber droht nicht. Er bedeutet eine tatsächliche Inhaftierung zur Warnung vor einer erneuten, aber längeren Haft. Ein gezielter Schuss also, um vor einem weiteren gezielten Schuss zu warnen. Hatten wir schon erwähnt, dass der Knast eine Art Schule für junge Verbrecher ist, in der sie noch viel mehr Übles lernen? Und dass die Zahl der von Jugendlichen begangenen Straftaten kontinuierlich kleiner wird? Nein? Das sollten wir aber unbedingt erwähnen, das vergessen die Forderer des **Warnschussarrests** nämlich gern.

wir

Personalpronomen, erste Person Plural. Bezeichnet im Deutschen eine Gruppe von Personen, zu denen der Sprecher gehört, ohne jedoch klarzustellen, ob auch der Angesprochene gemeint ist. So kann das kleine Wort ausgrenzen wie in dem Ruf: »**Wir** sind das Volk« (aber ihr nicht). Es kann jedoch, wie der CDU-Wahlslogan zeigt, genauso gut einverleiben: »**Wir** haben mehr zu bieten« (wir alle, auch du). Andere Sprachen unterscheiden das eindeutiger und kennen ein exklusives **wir** und ein inklusives. Zusätzlich gibt es im Deutschen noch ein extensives **wir**, das dem Sprecher ermöglicht, sich einer beliebigen Gruppe anzuschließen, auch wenn er mit ihr gar nichts zu schaffen hat, wie es »Bild« bewies mit der Schlagzeile »**Wir** sind Papst«. Diese Besonderheiten machen das harmlos wirkende Pronomen zu einem Zauberwort der Politik. Kann der Sprecher damit doch im Unklaren lassen, wen er eigentlich meint. Die CDU demonstrierte das beispielhaft auch mit dem Wahlwerbespruch »**Wir** haben die Kraft«. Sie schließt sich damit nicht nur denen an, die glauben, kräftig zu sein, sie dehnt diese geborgte Kraft auch auf alle aus und vermittelt dabei ein wunderbar heimeliges Gefühl des Zusammenhalts. Oder, ähnlich praktisch, der Ausschluss, ohne diesen explizit formulieren zu müssen. Wieder die CDU, dieses Mal Friedrich Merz vor vielen Jahren: »**Wir** brauchen eine Leitkultur« (denn eure Kultur wollen wir nicht). Welch diktatorische und erdrückende Macht ein solches **Wir**-Gefühl entfalten kann, zeigt sich beispielsweise in der gern eingenommenen Haltung »Wer nicht für uns ist, ist gegen uns«.

Wirkfunktion

Funktion leitet sich vom Lateinischen *fungere* ab, was »verrichten« oder »wirken« bedeutet. Somit ist **Wirkfunktion** eine Dopplung, eine Wirkungswirkung. Immer wenn ein und diesselbe Sache gleichzeitig durch zwei verschiedene

Wörter ausgedrückt wird – im Griechischen nennt sich das Hendiadyoin – ist Vorsicht geboten. Dieses Hendiadyoin klingt zuerst einmal sinnlos. Das war wohl keine Absicht. Denn die **Wirkfunktion** soll offenbar kein Unsinn sein, sondern eine sogenannte Nebelkerze, ein hübsches Wort, das vom eigentlichen Inhalt ablenkt. In diesem Fall vom Töten. Denn die, die das Wort verwenden, wollen Roboter mit einer **Wirkfunktion** ausstatten. Diese sollen eine Funktion haben, mit der sich eine tödliche Wirkung erzielen lässt, sie sollen Waffen tragen und autonom abfeuern. Was nichts anderes bedeutet als den Bau beweglicher Selbstschussanlagen – am Ende gar fliegender, beschönigend → **unbemannte Luftfahrtsysteme** genannt. Ein gelungener Euphemismus, denn von scharfen Waffen ist gar nicht die Rede, wenn es um die **Wirkfunktion** geht. Gleichzeitig offenbart es die Denkungsart der Erfinder: Sie wollen nicht nur töten, ohne dass irgendjemand dafür verantwortlich gemacht werden könnte; sie wollen das auch keinem sagen.

Wirtschaftsregierung

Wir haben Landesregierungen, eine Bundesregierung und eine Art Europaregierung, bestehend aus einem Rat und einer Kommission. Der Bundeskanzlerin und dem französischen Staatschef genügt das irgendwie nicht, sie fordern auch noch eine **Wirtschaftsregierung** für Europa. Leider sagen sie nicht, was sie damit meinen beziehungsweise wie sie auf diesen seltsamen Ausdruck kommen. Immerhin ist es die ureigene Aufgabe einer Regierung, auch über die Wirtschaft eines Landes zu regieren, sie also zu steuern. Woraus sich die Frage ergibt, wozu es dann eine **Wirtschaftsregierung** braucht beziehungsweise gar eine »tatsächliche **Wirtschaftsregierung**«, wie sie auch genannt wird. Soll mit dieser die Wirtschaft regiert werden, weil die bisherigen Regierungen den Job nicht anständig machen? Oder soll die Wirtschaft diese Regierung lenken und der Begriff diesen längst eingetretenen Umstand nur endlich zugeben? Nicht nur der Inhalt, auch die Struktur ist leider unbekannt. Soll die neue **Wirtschaftsregierung** unter, neben oder über den bisherigen Regierungen agieren oder vielleicht sogar ganz ohne sie, als Schattenregierung? Und welches Parlament wird diese neue Regierung kontrollieren und überwachen? Geklärt ist das alles nicht, und das sollte stutzig machen. Klingt das Konzept doch, als soll hier vor dem Schreckensszenario Wirtschaftskrise eine neue, undurchschaubare Machtstruktur errichtet werden.

Wirtschaftswachstum

Unter **Wirtschaftswachstum** versteht man den Anstieg des Bruttosozialprodukts, also den Anstieg des Wertes aller im Land hergestellten Waren und aller zur Verfügung gestellten Dienstleistungen. Diesen Wachstum zu nennen, ist entlarvend, denn Wachstum ist ein positiv wahrgenommener Begriff: Man denkt dabei an Pflanzen, die wachsen, oder sogar an Kinder, die groß und erwachsen werden. Das sind alles schöne Assoziationen. Aber sie führen in die Irre. Denn in der Natur ist das Wachstum immer die Zeit der Entwicklung, die irgendwann ein Ende findet. Bäume erreichen irgendwann ihr maximales Wachstum, Kinder auch, sie werden erwachsen. Das Bruttosozialprodukt hingegen soll nie erwachsen werden, die Hoffnung von Politik und Wirtschaft ist, dass es immer weiter wächst. Was mit der Realität natürlich auch nichts zu tun hat, da es natürlich

Schwankungen unterworfen ist und sogar sinken kann. Das wird dann gern verbrämt, zum Beispiel als → **Negativwachstum**. Zudem suggeriert das Kompositum, dass nicht das Bruttosozialprodukt, sondern die Wirtschaft wächst, was natürlich genau genommen nicht der Fall ist. Denn da Wirtschaft die Gesamtheit aller wirtschaftlichen Einrichtungen ist, kann sie nur wachsen, wenn die Zahl dieser Einrichtungen zunimmt und nicht nur ihre Leistung. Die Verschiebung der Bedeutung von Wirtschaft zu »Bruttosozialprodukt« nennt man eine Metonymie. Inzwischen wird das metonymische Erstglied des Kompositums **Wirtschaftswachstum** auch gern weggelassen und nur noch von Wachstum gesprochen (vgl. → **Stabilitäts- und Wachstumspakt**). Damit hat Wachstum einen vollständigen Bedeutungswandel vollzogen von einem gesetzmäßigen biologischen Prozess zu einem ganz und gar nicht gesetzmäßigen Anstieg des Bruttosozialprodukts.

Z

zeitnah

Ein sogenannter Pleonasmus, also eine »Blähvokabel«. Genau deswegen ist sie vor allem bei Wichtigtuern beliebt, denn sie klingt so schön eilig, so als würde das Betreffende sofort geschehen, spätestens aber in zehn Minuten. Die eigentliche Bedeutung ist jedoch viel weniger hektisch, heißt **zeitnah** doch »irgendwann«, vielleicht aber auch »nie« (und ist somit eine Antiphrase). Denn das erhoffte Ergebnis ist (gemäß den Regeln der Komposition) nah an einer Zeit, die nicht näher definiert wird und von der damit gar nicht feststeht, wann sie eintreten und wie lang sie andauern wird. Die umgangssprachliche Entsprechung liefert ungefähr der Satz: »Jaja, gleich, und jetzt lass mich in Ruhe.« Das sollte man dann auch schleunigst tun, denn man wird von Zeitgenossen, die solche schwammigen Ausdrücke verwenden, nie eine konkrete Antwort bekommen.

Zensus

Lateinisch, wörtlich »Schätzung der Bürger nach ihrem Vermögen«. Eigentlich jedoch eine Volkszählung. Siehe → **Registerabgleich**.

Zwänge, parlamentarische

Ach, diese Politiker. Da wollen sie einem sagen, unter welch fürchterlichem Druck sie stehen, und der gemeine Wähler ist schon versucht zu denken: die armen Schweine. Dann aber ruinieren sie wieder alles mit ihrem Hang zur Verschwurbelung. Da lassen ein paar junge Grüne verlauten, sie seien zwar weiterhin tapfer gegen ein unseliges Gesetz, aber »die Fraktion hat sich aufgrund **parlamentarischer Zwänge** anders entschlossen«. Unter Zwang also standen sie alle? Wurden gar von bösen Mächten am Guten gehindert und gegen ihren Willen gezwungen, dem Gesetz zuzustimmen? Wahrscheinlich haben die jungen Wilden gehofft, genau das auszudrücken. Sie haben es allerdings zu gut gemeint. Ihre Wortwahl enttarnt, dass dem nicht so war. Denn Zwänge sind kein Zwang. Das Wort steht für Konventionen, denen wir uns freiwillig unterwerfen. Trickreich, diese Substantive. Manche davon bezeichnen eine Handlung oder einen Zustand und sind von Verben abgeleitet. Manche dieser Handlungssubstantive oder Nomina actionis nun haben die interessante Eigenschaft, dass sie eine neue Bedeutung bekommen, wenn sie in den Plural gesetzt werden. Der *Gang* hat noch mit *gehen* zu tun, die *Gänge* hingegen etwas mit Korridoren; *Aufmerksamkeit* ist ein Zustand, *Aufmerksamkeiten* sind kleine Geschenke. Die **parlamentarischen Zwänge** somit sind kein Zwang, sondern das, was sie wohl sein sollten: eine Ausrede. Gerade die Grünen!, mag ausrufen, wer sich noch an frühere Zeiten erinnert. Immerhin hatten die einst einen in ihren Reihen, der sich um solche Konventionen nicht scherte und das auch gerne demonstrierte, indem er zur Vereidigung als Minister zwanglos in Turnschuhen erschien.

Eine politische Grammatik – statt eines Nachwortes

Neusprech betrifft nicht nur den Wortschatz, die Grammatik der politischen Sprache zeigt ebenso Auffälligkeiten. Und die sind oft gut versteckt. Einzelne, ungewöhnliche Begriffe mögen den gemeinen Wähler in Überschriften oder Ansprachen noch irritieren und seinen Argwohn wecken. Die wahren Künstler des Politikersprechs jedoch brauchen keine Neuschöpfungen und Umdeutungen, um ihre Absichten zu verschleiern. Sie nutzen ganz normale Wörter und bauen sie so geschickt zusammen, dass der Zuhörer gar nicht merkt, wie er verschaukelt wird. Anbei eine kleine Sammlung solcher Sprachkunststücke, sozusagen als Dessert.

Das Merkel-*Wir*: andere vereinnahmen oder aussperren

Kleine Wörter können eine große Wirkung haben. Zum Beispiel das Pronomen der ersten Person Plural. Die häufige Verwendung von → **wir** ist geradezu typisch für die Sprache von Politikern. Das folgende Beispiel aus einer Rede von Angela Merkel auf einer Wahlkampfveranstaltung der CDU in Osnabrück zeigt, warum:

> »Heute hätten wir weder die libanesischen Kofferbomber gefunden, noch hätten wir die Schlägereien

> des alten Mannes in der U-Bahn in München so schnell aufklären können, und heute findet jeder Videoüberwachung auf großen Plätzen, öffentlichen Plätzen, ganz normal.«

Abgesehen davon, dass längst nicht jeder eine Videoüberwachung normal findet und solche Aufzeichnungen weder irgendeinem alten Mann halfen noch möglichen Opfern eines Attentats, kann davon ausgegangen werden, dass Angela Merkel die Kofferbomber nicht persönlich gestellt hat und an der Aufklärung der »Schlägereien des alten Mannes« überhaupt nicht beteiligt war. Das → **wir** soll hier also eine Verbindung herstellen zwischen Merkel und ihrer Politik und den eigentlichen Ermittlern. Es wird somit *extensiv* verwendet. Merkel dehnt sich dadurch aus und macht sich die Erfolge anderer zu eigen. Für Politiker, die unter stetiger Beobachtung stehen und jederzeit die Wirksamkeit ihrer Handlungen beweisen müssen, ist das ein schnell erreichbarer und damit umso schönerer Effekt.

Doch das Pronomen kann noch mehr. Charakteristisch ist die Vermischung von ausschließendem (exklusivem) und einschließendem (inklusivem) → **wir**. So setzte Merkel ihre oben zitierten Ausführungen wie folgt fort:

> »Wenn es die Union nicht gewesen wäre, [...], hätten wir heute noch keine Videoüberwachung, und deshalb werden wir auch andere Themen auf die Tagesordnung bringen [...]«

Das erste → **wir** ist klar *inklusiv*, es schließt alle Hörer und überhaupt alle Deutschen mit ein, denn sie alle werden von Videokameras überwacht. Das zweite → **wir** meint hingegen nur noch Merkel und ihre Partei, ist also *exklusiv*, da es alle Nichtmitglieder ausschließt. Diese ständige Vermischung von einschließendem und aussperrendem → **wir** soll dazu führen, dass sich das Publikum mit der Partei und mit der Kanzlerin identifiziert, es soll die Bindung verstärken – ohne klar zu sagen, dass dort jemand eingebunden wird.

Diesen Kniff nutzt die CDU auch im Wahlkampf: Bei der Europawahl 2009 zeigten die CDU-Plakate eine Deutschlandfahne und den Aufdruck »**Wir** in Europa – CDU«. Durch die Deutschlandfahne wird suggeriert, dass damit alle Deutschen gemeint seien, dass es um die Stimme Deutschlands in Europa gehe. Aber es ging natürlich darum, dass die CDU ihre Kandidaten ins Europaparlament bringen wollte. Das **Wir**-Gefühl wurde auch für die Bundestagswahl im gleichen Jahr bemüht: »**Wir** haben die Kraft«, lautete der entsprechende Werbespruch. Das »Wir« war dabei noch mit den Landesfarben schwarz, rot und gold unterlegt. Wieder bleibt offen, ob damit die CDU gemeint ist, die im Gegensatz zu anderen (exklusiv) die Kraft hat, oder ob vielleicht alle Angesprochenen (inklusiv) die Kraft haben – weil Angela Merkel ihre Kanzlerin ist.

Das Wulffsche *man*: von sich selbst zurücktreten

Bundespräsident Christian Wulff hielt es hingegen mehr mit dem Impersonalpronomen *man*. Es ist ein beliebter Trick, dieses anstelle des sehr viel eindeutigeren *ich* zu verwenden. Wulff hat das soweit perfektioniert, dass ein *ich* bei ihm gar nicht mehr vorstellbar scheint. Er sagte im Januar 2012 in einem Fernsehinterview beispielsweise:

»Wenn man im Ausland ist, in vier Ländern in fünf Tagen und zehn Termine am Tag hat und erfährt, dass Dinge während dieser Zeit in Deutschland veröffentlicht werden sollen, wo man mit Unwahrheit in Verbindung, wo man also Vertrauensverlust erleidet, dann muss man sich auch vor seine Familie stellen. Wenn das Innerste nach außen gekehrt wird, private Dinge, eine Familienhaus-Finanzierung, wenn Freunde den Kredit gegeben haben, in die Öffentlichkeit gezogen werden, dann hat man (eine) Schutzfunktion, und man fühlt sich hilflos.«

Das impersonale Pronomen macht es möglich, sich vom eigenen Handeln und sogar von der eigenen Person zu distanzieren. Es ist nicht mehr ganz so klar, wer verantwortlich ist, denn es könnte nun jeder sein, nicht mehr nur derjenige, der die Sätze spricht. Dieses Zeigen auf einen Jedermann hat noch eine Funktion, es soll dazu führen, dass sich der Hörer mit dem Bundespräsidenten identifiziert. Dort gesteht also nicht etwa ein Bundespräsident einen Fehler ein, sondern es bittet ein ganz normaler Mensch, einer unter vielen, um Zustimmung und Verständnis. Dieses Betteln um Absolution wird im Folgenden noch deutlicher. In seiner weiteren Rede nutzt der Bundespräsident plötzlich *Sie*, also das höfliche Anredepronomen für *man*. Er zeigt also nicht mehr nur weg von sich selbst auf einen Jedermann, sondern sogar auf den Zuhörer:

»Wenn Sie die Erfahrung machen, dass privateste Dinge aus dem privatesten Bereich, zum Teil Jahrzehnte zurückliegend, aus einer schwierigen Kindheit, einer schwierigen Familie, öffentlich gemacht werden, und Sie kurz vor Veröffentlichung mit den Fakten konfrontiert werden, dann ist es doch normal, dass man darum bittet, noch einmal ein Gespräch zu führen.«

Nebenbei bemerkt taucht hier eine interessante Steigerung auf – dazu später noch mehr –, mit der Wulff versucht, seine Position zu untermauern: »privateste Dinge aus dem privatesten Bereich«. Gleich zwei Mal verwendet er den unpassenden Superlativ, denn was kann privater sein als das Private? Kurz darauf spricht Wulff dann wieder verallgemeinernd unpersönlich. Dabei scheint er sich selbst gar nicht mehr zu meinen, sondern irgendeinen Bundespräsidenten:

> »[...] aber man muss eben als Bundespräsident die Dinge so im Griff haben, dass einem das nicht passiert. Und trotzdem ist man Mensch, und man macht Fehler.«

Das ist eine Menge Abstand zum Ich. Psychotherapeuten könnten versucht sein, dem Betroffenen professionelle Hilfe anzubieten, um wieder zu sich selbst zu finden. Doch er ist gar nicht krank. Er ist nur ein durchschnittlicher Politiker, der versucht, Fallstricken auszuweichen, die er selbst gelegt hat. Wie auch der folgende Herr.

Das Guttenberg-Passiv: ein Geständnis ablegen, ohne zu gestehen

Wie das Beispiel Wulff zeigt, kann es durchaus vorkommen, dass der eine oder andere Politiker im Laufe seiner Karriere gezwungen ist oder gezwungen wird, einen Fehler einzugestehen, ja dass er sich vielleicht sogar für etwas entschuldigen muss. Der Laie würde um Verzeihung bitten und reuevoll seinen Posten räumen. Der Profi kennt geschicktere Wege. Ein mindestens ebenso bekannter Amtsträger hat zu diesem Zweck eine Variante der Entpersonalisierung zur Perfektion entwickelt. Am 18. Februar 2011 gab Verteidigungsminister Karl-Theodor zu Guttenberg die folgende Erklärung ab:

> »Für diese Stellungnahme bedurfte es keiner Aufforderung, und sie gab es auch nicht. Meine von mir verfasste Dissertation ist kein Plagiat, und den Vorwurf weise ich mit allem Nachdruck von mir. Sie ist über etwa sieben Jahre neben meiner Berufs- und Abgeordnetentätigkeit als junger Familienvater in mühevollster Kleinarbeit entstanden, und sie enthält fraglos Fehler. Und über jeden einzelnen dieser Fehler bin ich selbst am unglücklichsten. Es wurde allerdings zu keinem Zeitpunkt bewusst getäuscht oder bewusst die Urheberschaft nicht kenntlich gemacht. […]«

Es war also zu Guttenbergs Doktorarbeit, um die es geht, so viel immerhin gibt er zu. Allerdings nutzt er dazu die auffällige Partizip-Passiv-Konstruktion »meine von mir verfasste Dissertation«. Die enthält eine Doppelung und das wohl mit Absicht: Die Aussage »meine Dissertation« könnte durchaus noch den Schluss zulassen, dass zu Guttenberg sie zwar als seine betrachtet, da sein Name darüber steht, dass sie aber von jemand anderem verfasst wurde. Das Gerücht immerhin gab es. Das aber will er offensichtlich ausräumen beziehungsweise sich nicht alles nehmen lassen. Die Wortwahl »die von mir verfasste Dissertation« hätte bereits klar gemacht, dass er sie selbst geschrieben hat. Er jedoch betont diese Behauptung durch das *meine*. Wenigstens diese Urheberschaft also will er sich anrechnen lassen.

Doch möchte er gleichzeitig auf keinen Fall sagen, wer derjenige ist, der bei dieser Doktorarbeit getäuscht oder vergessen hat, die Urheberschaft der plagiierten Texte kenntlich zu machen. Also nutzt er einen Passivsatz und lässt die handelnde Person einfach weg.

Allerdings macht zu Guttenberg einen Fehler. Denn die unpassende Wiederholung des Adverbs *bewusst* ist auffällig. Er will nahelegen, dass – wenn denn irgendjemand einen Fehler gemacht haben sollte – es ein Versehen war: »bewusst getäuscht«, »bewusst die Unwahrheit gesagt«. Das aber wirft sofort die Frage auf, wie denn bitte eine unbewusste Täuschung funktionieren kann, denn unbeabsichtigt wäre sie gar keine Täuschung mehr, sondern nur noch ein Irrtum. Die übermäßige Betonung macht seine Aussage also unglaubwürdig, statt sie zu verstärken.

Solche Passiv-Konstruktionen gibt es in zu Guttenbergs Äußerungen jede Menge, nachzulesen auch in seinem in Buchform erschienenen Interview »Vorerst gescheitert«. Da zu Guttenberg sich dieses Kniffes ausführlich bedient, kann durchaus von einem Guttenberg-Passiv gesprochen werden.

Ein weiterer Meister in der Verwendung dieses Tricks ist Kai Diekmann, seines Zeichens Chefredakteur von »Bild«. Das Blatt und seine Methoden sind ja nicht unumstritten, wie der »Bildblog« täglich belegt. Diekmann ist stets einer der Ersten, der zugibt, dass Fehler gemacht werden. Allerdings gibt er das nur mit einer ganz bestimmten Formulierung zu. Zitat:

»Wo gearbeitet wird, werden Fehler gemacht.«

Den Satz sagt er seit vielen Jahren jedes Mal, wenn er gefragt wird, ob es bei »Bild« Methoden oder Geschichten oder Entscheidungen gibt, die vielleicht nicht so ganz sauber waren. Das klingt wie ein Eingeständnis und das soll es auch. Wer da allerdings wo gearbeitet und wer vielleicht welchen Fehler gemacht und beispielsweise Persönlichkeitsrechte verletzt hat, erfährt man von Diekmann nie.

Die von der Leyen-Leiter: Blödsinn hochjubeln

Politische Reden sollen Wirkung erzielen. Drastische Worte, so die Hoffnung, erzielen eine starke Wirkung. Daher wird in der politischen Sprache gern übertrieben. Solche rhetorischen Übertreibungen heißen Hyperbeln und werden oft in Form einer allmählichen Steigerung verwendet, vom harmlosen Klaps bis hin zur donnernden Keule. Das wirkt dramatischer. Diese Redefigur heißt Klimax, griechisch für »Leiter«. Ursula von der Leyen greift gern auf klimatische Konstruktionen zurück, zum Beispiel in dieser Rede hier 2009 vor der evangelischen Akademie Tutzing:

> »Das heißt – um nicht die ganze Diskussion jetzt aufzumachen –, wir setzen uns zusammen, diejenigen, die in Deutschland verantwortlich sind, und ringen darum, diese Dinge aus dem Netz zu verbannen. Wir ringen darum, international die Täter zu stellen, die Quellen zu schließen. Aber auch hier zu sagen: Wir führen ein Stoppschild bei diesen [unverständlich], bei diesen Bildern von Deutschland aus ein, weil wir auch als Gesellschaft sagen wollen: Wir ächten dieses.«

Zur Verdeutlichung hier nur die klimatischen Elemente dieser Sätze:

> »Wir setzen uns zusammen, wir ringen darum, … zu verbannen, … die Täter zu stellen, die Quellen zu schließen, … wir führen ein Stoppschild … ein, … wir ächten.«

Es beginnt ganz harmlos, irgendjemand setzt sich zum Reden zusammen. Kurz darauf wird schon um irgendetwas gerungen, um anschließend irgendwelche Dinge aus dem Netz zu »verbannen«. Die Technik, um die es geht, hätte ganz und gar nichts verbannt. Die sogenannten Netzsperren sollten die illegalen Bilder nicht antasten, sondern lediglich einen Vorhang davorhängen. Von der Leyen jedoch ficht das nicht an, sie behauptet im nächsten rhetorischen Schritt sogar, es gehe darum, »die Täter zu stellen« und »die Quellen zu schließen«. Nichts davon war Teil des von ihr vorgestellten Gesetzentwurfs. Das gibt sie dann auch zu, in einer kurzen Atempause. Denn nun taucht etwas auf, das gar nicht zur Klimax passt, die Einführung eines »Stoppschildes«. Das ist inhaltlich viel schwächer als die Begriffe zuvor, schließlich können Stoppschilder nur warnen, nicht aber Täter fangen. Das Gerede davor diente offensichtlich nur dem Zweck, zu kaschieren, wie hilflos und untauglich die zuletzt genannte Maßnahme ist. Daher muss sie im letzten Satz schnell noch ein klein wenig verstärkt werden, durch Ächtung. Toller Trick. Plötzlich ist das Ding kein unausgegorener Gesetzentwurf mehr, sondern ein Weg, wie die gesamte Gesellschaft eine kriminelle Gruppe ächten kann.

Von der Leyen verwendet diese Leiter nicht nur als eine, die nach oben führt. Die gleiche rhetorische Figur setzt sie auch in einer absteigenden Variante ein. Zitat aus einem Interview mit der Ministerin, ausgestrahlt 2009 im Sender HR2 Kultur:

> »man muss nicht nur die Täter verfolgen – unglaublich schwer –, sondern man kann auch das Millionengeschäft, was jeden Tag am PC zum Beispiel in Deutschland läuft, ganz empfindlich durch diese Zugangssperre blocken«

Hier fällt ein Parallelismus auf: »man muss nicht nur …, sondern man kann auch …«. Solche Konstruktionen sollen zwei Sachverhalte parallelisieren, sie auf eine Stufe stellen beziehungsweise sie als gleichwertig erscheinen lassen. Das zuvor erwähnte Stoppschild wird somit gleichgesetzt mit der Strafverfolgung. Von der Leyen jubelt damit den untauglichen Blödsinn zu einem rechtsstaatlichen Verfahren hoch, um Täter ins Gefängnis zu bringen. In der deutschen Politik gibt es nicht viele, die das so geschickt beherrschen. Aber es gibt ja noch andere rhetorische Mittel zur Verkaufsförderung.

Der Über-Ziercke: steigern, bis es wehtut

Jörg Ziercke kämpft nicht gegen Kriminelle. Das ist was für Landgendarmen und Dorfpolizisten. Ziercke aber ist Präsident des Bundeskriminalamtes, und für die oberste Polizeibehörde muss selbstverständlich etwas mehr Bedrohung her. Daher bekämpft Ziercke in seinen Reden »international operierende Schwerkriminelle« – mindestens. Manchmal sind es sogar »Terroristen und Schwerstkriminelle«.

Doch solche maximalen Steigerungen, sogenannte Hyperbeln, sind für den Sprecher riskant. Denn sie können das genaue Gegenteil bewirken und eine Aussage abschwächen, statt sie zu verstärken. Es mag zum Beispiel sein, dass die Terahertzwellen der sogenannten Nacktscanner tatsächlich ungefährlich sind und ihr Einsatz also unbedenklich. Manche Befürworter wollen diesen Eindruck jedoch verstärken und sagen, dass sie »völlig« ungefährlich und »gänzlich« unbedenklich seien, was beim Zuhörer sofort ein ungutes Gefühl hinterlässt.

Die Überhöhung kann auch dazu führen, dass der Zuhörer sich fragt, worum es denn eigentlich gehen soll. Dazu wieder Ziercke, bei einer Anhörung im Innenausschuss des Deutschen Bundestages 2011:

> »Die Überwachung der Telekommunikation beziehungsweise die Maßnahmen der Online-Durchsuchung sind kriminalistisch unverzichtbar, wenn das Internet als Tatmittel für schwere und schwerste Kriminalität eingesetzt wird.«

Da ist sie wieder, die → **schwerste Kriminalität**. Zur Erinnerung: Schwere Kriminalität meint laut Strafgesetzbuch bereits Taten wie Mord, Vergewaltigung oder Herbeiführung einer Explosion durch Kernenergie. Was ist dann »schwerste«?

Hyperbeln sollten noch aus einem anderen Grund eher vorsichtig eingesetzt werden: Eine hyperbolische Steigerung nutzt sich ab, wenn sie oft verwendet wird. Was wie bei einer Droge zur Folge hat, dass weiter gesteigert werden muss, um die gleiche Wirkung zu erzielen. Bis es irgendwann einfach nicht mehr höher geht und die Absurdität offensichtlich ist.

Aus *rechts* wird so erst *rechtsradikal*, dann *extrem rechts* oder *rechtsextrem* und schließlich *ultrarechts*, was schon fast absurd klingt. Der Bundespräsident befürchtet wie gesagt, »dass privateste Dinge aus dem privatesten Bereich« öffentlich gemacht werden. Hätte da nicht »privat« gereicht? Die »brutalst mögliche Aufklärung« ist auch nicht mehr zu überbieten.

Der Zwang zur Verstärkung führt auch zu feststehenden Floskeln wie zum Beispiel: »besonders gravierend«. Von diesen gibt es in der Sprache der Politik viele: den »intensiven/offenen Meinungsaustausch«, der dabei auch noch ein Euphemismus für Streit ist; die »unverbrüchliche Freundschaft«, die, wenn sie zerbricht, gar keine Freundschaft mehr wäre; die »aktiven Bemühungen«, obwohl es keine passiven gibt; den »eklatanten Verstoß«, wahrscheinlich im Gegensatz zum Verstoß, der nicht der Rede wert ist; das »geltende Recht«, auch wenn Recht, das nicht gilt, im politischen Diskurs sicher kaum eine Rolle spielt.

Und schließlich gibt es neben der Steigerung einzelner Worte noch die sprachlichen Bilder, die Metaphern. Auch mit ihnen kann ganz herrlich übertrieben werden, und auch darin ist der »Schwerstkriminelle« jagende BKA-Chef Ziercke ein Meister. Die folgenden beiden Sätze sagte er bei der Herbsttagung seiner Behörde 2007:

> »Das Schadenspotenzial der Internetkriminalität ist immens. Durch das Internet sind Täter in der Lage, Firmen und sogar Staaten in die Knie zu zwingen.«

Das haben Täter ohne das Internet natürlich nie geschafft.

> »Da diese Bereiche [das Online-Banking] zunehmend technisiert sind, kann der Bankraub heute vom

Schreibtisch aus bis ins hohe Alter hinein begangen werden.« (Ziercke auf einer Veranstaltung der Konrad-Adenauer-Stiftung 2011)

Raub vom Schreibtisch aus? Merkmal des Raubes ist der Einsatz von Gewalt. Vom Schreibtisch aus wird das schwierig. Und der älteste Bankräuber der USA war, als er seine kriminelle Karriere begann, 86 Jahre alt. Er überfiel drei Banken, die letzte mit 91 Jahren.

»Ohne die Vorratsdatenspeicherung jedoch geschieht jegliche Kriminalitätsbekämpfung nach dem Zufallsprinzip.« (ebenda)

Die Zufallswahrscheinlichkeit beträgt in diesem Fall – Aufklärung ja, Aufklärung nein – fünfzig Prozent. Die Aufklärungsquote der deutschen Polizei bei sogenannten Internetdelikten hingegen liegt bei über siebzig Prozent. Zufall? Es gibt viele solcher Zitate von Jörg Ziercke, er ist ein Meister der übertreibenden sprachlichen Bilder.

Fairerweise sollten wir dabei nicht vergessen, dass er dabei einen fähigen Lehrer hatte, Innenminister Wolfgang Schäuble. Hier eine kurze Kostprobe, die Schäuble 2007 auf einem Symposium der Konrad-Adenauer-Stiftung gegeben hat:

»Das Internet ist heute so etwas wie die universelle Plattform des Heiligen Krieges gegen die westliche Welt. Es ist Kommunikationsmedium, Werbeträger, Fernuniversität, Trainingscamp und Think Tank der Islamisten zugleich.«

Welch beeindruckende sprachliche Gewalt. Kein Wunder, dass sich so viele Menschen vor dem Internet fürchten, es muss ein grauenvoller Ort sein.

Der Unter-Ziercke: auch Verharmlosen kann helfen

Gleichzeitig aber ist Jörg Ziercke auch geschickt darin, Zusammenhänge oder Fakten zu verstecken, wenn es ihm dient. Zitat:

> »Ich stoße eine Diskussion an, dass die deutschen Internet-Provider gesetzlich verpflichtet werden sollten, Webseiten auszufiltern …«

Die erste Abschwächung besteht in dem Ausdruck *eine Diskussion anstoßen*. Das klingt offen und demokratisch, dabei ist eigentlich »ich fordere« gemeint, wie an der anschließenden Konjunktion *dass* zu erkennen ist. Sie passt nicht zur *Diskussion*. Wenn es Ziercke wirklich um eine offene Debatte gegangen wäre, hätte er die Konjunktion *ob* verwenden müssen. Das Zitat enthält noch ein weiteres Beispiel für eine Abschwächung, im zweiten Teil verwendet Ziercke mit *sollten* den Konjunktiv. Auch dieser schwächt die eigentlich gemeinte Aussage ab, es müsse ein Gesetz zur Netzfilterung her.

Schlicht und dennoch wirkungsvoll lässt sich die Verharmlosung auch durch einen entsprechenden Satzbau erreichen. So kann innerhalb einer Aufzählung eine Tatsache verschieden drastisch formuliert werden, wobei die schwächste Formulierung an letzter Stelle steht. Diese Methode, die auch als Antiklimax bezeichnet wird, macht sich ein Phänomen aus der Aufmerksamkeitspsychologie zunutze: Zuletzt genannte Dinge erinnern wir mit höherer Wahrscheinlichkeit als Aussagen, die am Beginn einer längeren Passage standen. So sagte Ziercke in der Debatte um die Netzsperren auch, es sei notwendig:

> »Webseiten auszufiltern, [...], Webseiten zu sperren, den Zugriff auf solche Webseiten deutlich zu erschweren.«

Dabei ist *ausfiltern* das härteste Vorgehen in diesem Zusammenhang. Eine Seite zu *sperren* ist schon weniger drastisch, da sie in diesem Fall noch da ist und nicht ausgefiltert wurde; *den Zugriff zu erschweren* klingt hingegen fast schon harmlos. Bei allen drei Beschreibungen handelt es sich allerdings um dasselbe umstrittene Vorhaben, die schon erwähnten *Stoppschilder*. Im Gedächtnis des Zuhörers aber bleibt vor allem der letzte Ausdruck.

Entlarvende Floskeln

Und dann gibt es noch die Phänomene der politischen Rhetorik, die so verbreitet sind, dass sie sich nicht einem einzelnen Volksvertreter zuordnen lassen. Ausgesprochen beliebt sind beispielsweise stereotype Floskeln. Sie sollen bei den Zuhörern Emotionen wecken, sorgen häufig aber vor allem für Irritationen.

So hält seit einigen Jahren der Fußball Einzug in politische Reden. Da ist von *Eigentoren* die Rede, die Legislaturperiode wird in *Halbzeiten* eingeteilt, oder die SPD möchte glauben machen, ihr Parteivorsitzender sei der *Spielführer*. Die Partei Silvio Berlusconis ist gar nach dem italienischen Fußball-Schlachtruf *Forza Italia!* (»Los Italien!«)

benannt. Das alles ist nicht dramatisch, zeigt aber, wie sehr Politik doch als Kampf begriffen wird. Was auch bedeutet, dass es nicht darum geht, mit den anderen Parteien und Gruppen zusammenzuarbeiten, sondern darum, sie zu besiegen.

Um Kampf geht es auch in einem Interview, das der schon erwähnte Jörg Ziercke dem Deutschlandradio gegeben hat. Darin redet er über das »Internet als Tatmittel der Zukunft« und bemüht dabei zahlreiche Floskeln, die dank ihrer Häufung unschwer als solche erkennbar sind: So will Ziercke Beweise nicht etwa finden, sondern sie »verdichten«, er möchte im Internet nicht nach Tätern suchen, sondern gleich eine »Durchsuchung durchführen« und anschließend diverse »Netzwerke«, ein Neologismus für Netze, »zerschlagen«. Sehr martialisch. Allerdings klingt es auch so, als wenn dort jemand versucht, sein Tun ein wenig aufzuwerten.

Der BKA-Präsident liefert auch ein schönes Beispiel dafür, wie eine Floskel missglücken kann: Er wird nicht müde, darauf hinzuweisen, dass »99,9 Prozent der Menschen in Deutschland« von der Online-Überwachung gar nicht betroffen seien. Was natürlich bedeutet, dass 80 000 Menschen, also eine mittelgroße Stadt, davon betroffen *sind*. Ziercke sagt das vor allem, weil er eine Aussage von Norbert Geis zurechtrücken will, dem rechtspolitischen Sprecher der CDU/CSU-Bundestagsfraktion. Der hatte zuvor von »99 Prozent« gesprochen, die nicht betroffen seien, was gar 800 000 Menschen zu Opfern der Überwachung machen würde. Aber im ersten Moment klingen die 99 Prozent beeindruckend hoch. Und darum geht es.

Vor allem aber ist die politische Sprache inzwischen voll von stehenden Begriffen, die Politiker jeder Partei ohne Sinn und ohne Nachdenken in ihre Sätze streuen.

Abweichungen jeder Art werden nicht einfach verurteilt, sondern immer »aufs Schärfste«; bestimmte Aspekte sind nicht nur wichtig, sie sind *von* »zentraler Bedeutung«, obwohl es gar keine dezentrale Bedeutung gibt; es wird nicht nach Lösungen gesucht, sondern nach »tragfähigen Lösungen«, auch wenn es dabei selten um Brücken geht und die Suche nach nicht tragfähigen sinnlos wäre; es geht nie um Probleme, immer aber um »gravierende Probleme«; die Atmosphäre eines Treffens ist nie gut, sie ist immer »offen und kooperativ«, oft sogar → **ergebnisoffen**, was man eigentlich erwarten sollte, wenn zwei Seiten einen Gegenstand verhandeln wollen; es wird nicht einfach geredet oder diskutiert, denn das muss zumindest »intensiv« geschehen, und wenn dann eine Lösung gefunden wurde, muss man sich zu ihr »bekennen«, denn die getroffenen »schweren« Entscheidungen sind »am Ende des Tages« wahrscheinlich »unumgänglich«, → **alternativlos** oder gar »unverzichtbar«. Da fragt dann niemand, warum dann so »heftig um sie gerungen« wurde.

Viele dieser formelhaften Begriffe sind in der Alltagssprache entweder längst ausgestorben oder haben dort nie existiert. *Nulltarif*, *Hemmschuh*, *Schmusekurs*, *Mogelpackung* oder *Schulterschluss* sagt kein denkender Mensch. Politiker hingegen verwenden solche sprachlichen Stanzen dauernd, weil sie irgendwie griffig klingen, ohne etwas Eindeutiges auszudrücken.

Die Beispiele zeigen, worum es geht: Politik ist ein steter Kampf um Aufmerksamkeit und daher Übertreibung. Schlichte Argumente schüren die Angst, nicht gehört zu werden. Doch nur wer gehört, befragt, zitiert wird, ist ein guter Politiker. Denn dieser seltsame Beruf macht es schwer, sich zu vergleichen. Eine der wenigen Möglichkeiten sind die Medien und der Widerhall, den die eigenen

Worte dort finden. Was auch dazu führt, dass Politiker viel reden, ohne dass sie etwas zu sagen haben. Hier ein beispielhaftes Zitat aus der Regierungserklärung von Außenminister Guido Westerwelle 2011:

> »Nichts ist einfach in Afghanistan, und vieles ist noch nicht so, wie es sein soll. Ich fürchte, vieles wird auch schwierig bleiben. Aber am Ende dieses Jahres, nach der Bonner Konferenz, bin ich überzeugt: Wir sind mit unserem Einsatz und mit der neuen Partnerschaft auf dem richtigen Weg. Wir eröffnen Afghanistan die Chance auf eine friedliche und freie Zukunft – im Interesse der Menschen dort und im Interesse der Sicherheit hier.«

Viele Floskeln, aber was hat der Mann gesagt? Irgendwer ist mit irgendetwas auf irgendeinem Weg und soll auf diesem irgendwelche Schwierigkeiten irgendwie beseitigen. Der Wunsch, sich in den Medien mit dem erwünschten Image wiederzufinden, verleitet immer wieder zu sprachlichem Murks. Von diesem soll im Folgenden noch mehr die Rede sein.

Unpassende Bilder

Die Königsdisziplin der politischen Rhetorik ist das uneigentliche Sprechen, also das Reden in Bildern, sogenannten Metaphern. Eigentlich dienen Metaphern als Gleichnisse, die zum Verständnis eines Sachverhalts beitragen sollen. Wie oben gezeigt, lassen sich Zusammenhänge mit ihnen aber wunderbar übertreiben oder verharmlosen. Doch können sie auch dazu verwendet werden, den eigentlichen Sinn zu vernebeln oder ganz zu verstecken.

Wenn man den sogenannten Europäischen Stabilitätsmechanismus als »Hebel« bezeichnet, kann sich vielleicht jemand darunter vorstellen, dass irgendetwas verstärkt werden soll. Verstehen wird er das Konstrukt deshalb nicht. Wird der gleiche Plan als → **Rettungsschirm** oder als »Brandmauer« gegen einen Flächenbrand im Euroraum verkauft, klingt das noch viel griffiger und vor allem notwendiger. Dabei wird mit diesen Umschreibungen nichts darüber gesagt, wie der Mechanismus (auch das ist schon eine Metapher) wirklich funktioniert und welche Folgen er für den gemeinen Bürger hat.

Wie andere sprachliche Kniffe haben auch Metaphern so ihre Tücken. Sie können zum Beispiel nicht zusammenpassen. Wie die → **vorübergehende Wachstumsdelle** im Wirtschaftswachstum: Bei einer Delle denkt man an einen leichten Blechschaden am Auto. Nur geht der nicht von selbst vorüber, er muss repariert werden. Mindestens ebenso schön ist der → **V-Mann**, auch »Vertrauensperson« genannt, als Umschreibung für einen Spitzel. Dem sollte eigentlich besser nicht vertraut werden, da er in erster Linie ein Krimineller ist.

Tückische Mehrzahl

Schief gehen kann beim Sprechen viel. Die deutsche Sprache verbirgt beispielsweise in ihrer Mehrzahl eine Tücke, die Politiker gelegentlich übersehen und dabei, wie so oft, mehr über sich und ihre Motive verraten, als sie wollen. Denn wenn Wörter in den Plural gesetzt werden, verändern sie bisweilen ihre Bedeutung. Das gilt besonders für Handlungssubstantive, die eine Handlung bezeichnen, die eigentlich gar nicht pluralisierbar ist. So leitet sich von *zwingen* der *Zwang* ab. Im Plural ändert sich allerdings diese Bedeutung. Unter *Zwängen* versteht man gesellschaftliche Konventionen, aber keinen direkten Zwang mehr. Somit sind → **parlamentarische Zwänge** selbst gewähltes Leid.

In die Nähe des Oxymorons rückt der Plural bei → **bedauerlichen Einzelfällen**. Ein Einzelfall ist schließlich ein singuläres Ereignis, deswegen heißt er so. Selbst wenn sich die Bedeutung nicht vollständig ändert, schwächt der Plural die Wirkung des Wortes: So klingen → **Fahrzeitverlängerungen** bei der Bahn viel schwächer als der Singular oder gar das Wort *Verspätung*, das von der Bahn auch gern im Plural verwendet wird. Der Reisende fühlt sich weniger betroffen, wenn er hört, dass es auf der Strecke zu Verspätungen kommen kann. Auch Preisanpassungen klingen harmloser als der Singular → **Preisanpassung**. Der Plural von → **umstrittene Verhörmethoden**, ein Euphemismus für Folter, suggeriert sogar, dass es unterschiedliche Methoden gibt, die mehr oder weniger umstritten sind. Dabei verstößt Folter immer gegen die Menschenrechte, taugt nicht für Verhöre und dient nur dazu, Angst und Schrecken zu verbreiten.

Bejahende Verneinung

Im allgemeinen Sprachverständnis wird eine doppelte Verneinung gern als Bejahung übersetzt. Doch die Wirklichkeit ist komplexer. Nicht immer ergeben zwei Nein ein Ja. In diese Falle geraten gelegentlich auch die Nutzer solcher Sprachtricks, was sie anschaulich entlarvt. So sagte der schon zitierte adlige Verteidigungsminister, der im Zusammenhang mit seiner Doktorarbeit den einen oder anderen wichtigen Punkt unerwähnt gelassen hatte:

»Es wurde allerdings zu keinem Zeitpunkt bewusst getäuscht oder bewusst die Urheberschaft nicht kenntlich gemacht.«

Der Sprecher will ausdrücken, dass die Urheberschaft immer kenntlich gemacht wurde. Das aber tut er nicht, denn die beiden Verneinungen *kein* und *nicht* heben sich in diesem Fall nicht gegenseitig auf. Die erste bezieht sich auf das adverbial verwendete Adjektiv »bewusst«. Das Adjektiv lässt sich aber nicht so einfach verneinen, denn täuschen kann man nun einmal nur bewusst. Wer unbewusst täuscht, hat keine Täuschung begangen, sondern etwas nicht bemerkt. Genauso unmöglich ist es, etwas unbewusst nicht kenntlich zu machen.

Beide Verneinungsversuche deuten somit darauf hin, dass der Sprecher die im Satz enthaltene Aussage leugnet. Was gut die eigentliche Funktion der doppelten Verneinung demonstriert: Sie soll verschleiern, dass der Sprecher eine Behauptung bejaht.

Das hat zum Beispiel ein Politiker der Grünen versucht und seine Billigung eines kritisierten Vertrages mit dem seltsamen Satz ausgedrückt:

»Ich sehe nicht, dass wir nicht zustimmen werden.«

Das ist so verbogen, dass es einem fast leidtun kann.

Schließlich gibt es in der Sprache der Politik auch noch die Scheinargumente. Wenn diese in einer Debatte auftauchen, ist das ein sicheres Zeichen, dass dem Betreffenden die inhaltlichen Argumente ausgegangen sind. Das scheint oft der Fall zu sein, immerhin gibt es von den Scheinargumenten gleich drei Kategorien.

Das Argumentum ad hominem (lateinisch: »Argument zum Menschen«): Wem nichts mehr einfällt, der kann seinen Gegner persönlich angreifen oder negativ darstellen. Ja selbst eine positive Darstellung einer Person kann ein Argumentum ad hominem sein, wenn sie dazu dient, von der Sache abzulenken, beispielsweise mit dem Mittel der Ironie. Ein schönes Beispiel für eine schmähende Argumentation liefert Hans-Peter Uhl. Als Erwiderung auf die Kritik an der Bundesregierung bezüglich des Staatstrojaners hält er seinem Vorredner von der Linkspartei entgegen:

> »Niemand kann besser über einen Überwachungsstaat reden wie ein Angehöriger der Linkspartei. Sie wissen, wovon Sie reden. Der Kollege Korte ist a bisserl jung dazu, aber er hat gelernt von den Alten.«

Was der historische Ursprung der Linkspartei mit der Person Korte und was das alles mit dem sogenannten Staatstrojaner zu tun hat, der dazu dient, die Computer von Verdächtigen auszuspähen, lässt der Bundestagsabgeordnete Uhl wohlweislich offen.

Statt zu schmähen, was immer ein wenig kleinkariert wirkt, kann als Ablenkungsmanöver auch das Argumentum ad verecundiam (lateinisch: »Argument zur Ehrerbietung«) dienen: Hierbei wird nicht der Kritiker selbst angegriffen, sondern auf eine wie auch immer geartete Autorität verwiesen, die die gleiche Position vertritt wie der Sprecher (»Ich weiß es nicht besser, aber die anderen wissen es.«). Die eigene Position soll also deshalb richtig sein, weil sie auch von einem → **Experten** vertreten wird. So verwies der damalige Innenminister Wolfgang Schäuble im Zusammenhang mit der Online-Durchsuchung gern auf Jörg Ziercke, den Präsidenten des Bundeskriminalamtes, der aufgrund seiner Rhetorik hier schon mehrfach vorkam.

Wird dabei vor allem auf das eigene Unwissen verwiesen, steht dieses Scheinargument im Zusammenhang mit dem Argumentum ad ignorantiam (lateinisch: »Argument zum Unwissen«) und damit dem dritten der Scheinargumente: Statt zu argumentieren, verweist der Sprecher auf seine eigene Ahnungslosigkeit oder, weil das dann doch immer etwas komisch wirkt, auf die Ahnungslosigkeit des Gegners. Auch Mischungen sind üblich, nach dem Muster: »Ich weiß es nicht, der politische Gegner weiß es nicht, aber die Experten wissen es.« Das Zusammenspiel der ad-verecundiam- und der ad-ignorantiam-Argumentation zeigt sich deutlich in einem Diskussionsbeitrag von eben jenem Wolfgang Schäuble:

> »[…] was immer man unter Online-Durchsuchung versteht, da reden ja auch die Leute alle ganz klug, die keine Ahnung haben. Es ist so aufwändig, dass der Chef des Bundeskriminalamtes, der Herr Ziercke, der versteht e bissel was davon. Ich versteh nix davon. Er hat gesagt, so 'ne Maßnahme ist so aufwändig, wir wären überhaupt nur in der Lage, zehn pro Jahr überhaupt zu versuchen, ob sie gelingen, ist noch was anderes.«

Zunächst wird der Gegner als unwissend dargestellt (»da reden ja auch die Leute alle ganz klug, die keine Ahnung haben«). Dann kommt der Verweis auf den Experten, verbunden mit einer ironischen Untertreibung (»der versteht e bissel was davon«). Gefolgt wird das von dem koketten Eingeständnis des eigenen Unwissens (»ich versteh nix davon«), um schließlich zu behaupten, es gäbe kaum Überwachungsmaßnahmen. Dass der Herr Ziercke nur ein ausführender Beamter, somit Befehlsempfänger, und der Herr Schäuble der politisch Verantwortliche, also Befehlsgeber ist, sagt der Herr Schäuble bei solchen Gelegenheiten lieber nicht. Denn sonst funktioniert der Trick mit der Ablenkung nicht so gut.

Konnotation

Und nun noch ein Nachwort zum Nachwort. Bei den in diesem Buch beschriebenen Wörtern kann der Eindruck entstehen, dass sie irgendwie »falsch« sind und nur durch »richtige« ersetzt werden müssen, und alles wäre gut. Neben den Erläuterungen, was eigentlich gemeint ist, machen wir gelegentlich ja auch Vorschläge, wie ein Gegenstand noch bezeichnet werden könnte. Das Problem ist allerdings: Es gibt keine »richtigen« Wörter. Jedes Wort hat neben seiner Bedeutung (Denotation) auch noch eine Konnotation, die sich aus den Assoziationen ergibt, die andere Menschen mit dem Wort verbinden.

Das müssen nicht für alle dieselben Assoziationen sein. Wie sich die Bedeutung eines Wortes wandeln kann, so verändert sich auch sein konnotativer Gehalt. Der konnotative Wandel ist oft sogar schneller als der denotative, wie das Beispiel der → **Vorratsdatenspeicherung** zeigt: Zunächst klang *Vorrats-* durchaus positiv, aber inzwischen ist das Wort politisch (also konnotativ) verbrannt, und die Politiker reden lieber von *Datenspeicherfrist* oder *Mindestspeicherung*. Zwar erscheint *Datenhortung* angesichts des Sachverhaltes treffender, aber ein konnotativ neutrales Wort ist es auch nicht. Wer es verwendet, gehört wahrscheinlich zu den Gegnern des Konzeptes.

An den Konnotationen der verwendeten Wörter kann man also ablesen, welche Einstellung der Sprecher hat. Verwendet er zum Beispiel positiv klingende Wörter, ist er wohl ein Befürworter der Angelegenheit. Sind die Wörter gar stark positiv aufgeladen oder treten sie in großer Zahl auf, dann ist durchaus Skepsis angebracht, denn wahrscheinlich will dort jemand mit Sprache überzeugen und vielleicht sogar Realität verzerren.

Leider ist auch fachliches Vokabular kein Ausweg, denn gerade Präzisismen und Technizismen haben eine vernebelnde Wirkung. Sie beeindrucken vielleicht den Hörer, der wenig von der Materie versteht. Aber sie sollten immer Anlass sein, Vorsicht walten zu lassen, insbesondere wenn der Sprecher mit der Materie nicht vertraut ist und somit die Verwendung von Fachvokabular unangemessen erscheint.

Allerdings soll hier nicht einer allgemeinen Relativierbarkeit das Wort geredet werden. Zwar gibt es keine neutralen Wörter, aber das ist ja gerade der Vorteil der Sprache: Die Einstellung des Sprechers ist sozusagen aus der Konnotation ablesbar. Victor Klemperer hat in seinem »Notizbuch eines Philologen« über die Sprache der Nazis einen Satz geschrieben, den wir als Motto diesem Buch vorangestellt haben:

»Was jemand willentlich verbergen will, sei es vor anderen, sei es vor sich selber, auch was er unbewusst in sich trägt: Die Sprache bringt es an den Tag.«

Sprache zeigt die Meinungen und Einstellungen der Sprecher. Es ist kaum möglich, diese zu verhehlen. Zum Glück. Denn so kann die Sprachanalyse – insbesondere die der Konnotation – dabei helfen, das eigentlich Gemeinte und Beabsichtigte zu erkennen.

Das ist wichtig. Denn was soll Neusprech? Nun, vor allem wohl den Sprecher schützen. Viele Wörter und Formulierungen haben den Zweck, den oder die Verantwortlichen zu verbergen oder zu verschleiern, dass überhaupt jemand die Verantwortung trägt. Aber es gibt noch mehr Funktionen, sollen sie oft doch auch den Raum der Ideen begrenzen, also den Gedanken verhindern, dass es eine Alternative zu dem Gesagten geben könnte. Der von Bundeskanzlerin Angela Merkel gern benutzte Ausdruck → **alternativlos** ist dafür typisch. Und schließlich soll Neusprech etwas vorgaukeln und so die hässliche Realität akzeptabel machen. Wer sich jedoch nicht selbst belügen mag und nicht belogen werden will, der sollte auf die Worte achten, die sein Gegenüber verwendet.

Neusprech Literatur

Weiterlesen und Weiterhören:

Dieses Buch entstand auf Basis eines Weblogs, den wir seit 2010 gemeinsam betreiben. Dort veröffentlichen wir nicht nur Texte, sondern auch die Folgen eines Podcastes, den wir gemeinsam mit Constanze Kurz vom Chaos Computer Club aufnehmen. Die Adresse des Blogs lautet:

http://neusprech.org

Selbstverständlich sind wir nicht die einzigen, die auf die Idee kamen, politische Sprache zu analysieren. Das Buch und der Blog haben verschiedene Vorbilder. Wer weiterlesen möchte, hier ist eine Liste der wichtigsten:

Ambrose Bierce: Des Teufels kleines Wörterbuch, Eulenspiegel-Verlag, Berlin 1984

Franz Benno Delonge: Deutsch für Schaumschläger, Eichborn, Frankfurt am Main 1996

Franz Benno Delonge: Rückhaltlose Aufklärung – Politiker-Deutsch für Anfänger, Eichborn, Frankfurt am Main 2000

Wiglaf Droste: Sprichst du noch oder kommunizierst du schon? Neue Sprachglossen, Edition Tiamat, Berlin 2012

Eckhard Henscheid: Dummdeutsch – ein Wörterbuch, Philipp Reclam, Stuttgart 1993

Victor Klemperer: LTI. Notizbuch eines Philologen, Philipp Reclam, Stuttgart 2007

George Lakoff: Don't Think Of An Elephant, Chelsea Green Publishing, White River Junction 2004
Bodo Mrozek: Lexikon der bedrohten Wörter, Rowohlt, Reinbek bei Hamburg 2005

Dank

Wir danken allen, die uns durch Wortspenden, Hinweise und Kommentare bei der Arbeit an unserem Blog und an diesem Buch geholfen haben, insbesondere:

@aprica
@Backnang
@fasel
@fukami
@maltis
@metronaut
@ozaed
@presseschauer
@Promovator
Ansgar M.
Brigitte B.
Christian H.
Constanze K.
David H.
Diana S.
Dragan E.
Eckhard H.
Eike H.
Elektra_42
fefe
Felix S.
Florian A.
Frank L.
janwo
Jarno R.
Jens G.
Jörg K.
Jörg S.
Kathrin P.
Kay H.
Lars W.
Marcel E.
Mario S.
Markus H.
Matthias G.
Matthias H.
mezcal
Mibipo
Michael D.
mskzu
Oliver
Peer S.
Peter P.
Ralf K.
Sascha L.
Simon K.
Sophia Amalie Antoinette Infinitesimalia
Uta J.
Wolfgang B.

Philipp Scharri

Der Klügere gibt Nachhilfe

Sprachakrobatik für alle Lebenslagen

Band 19077

Sprache ist in unserem Alltag das A und O – doch wir schöpfen längst nicht all ihre Möglichkeiten aus. Wir spielen mit Holzbauklötzen, obwohl im Regal ein Zauberkasten steht.

Philipp Scharri, preisgekrönter Kabarettist und Poetry Slammer, weckt mit seinem ersten Buch spielerisch und wortgewandt die Lust auf Sprache. Ein großer Spaß für Wortklauber, Silbenjongleure, Buchstabenverdreher und Sprachrevoluzzer – und alle, die es werden wollen!

»Hätte Philipp Scharri seine Texte schon vor 150 Jahren geschrieben, hätte Wilhelm Busch wohl aufgegeben.«
Badische Zeitung

Fischer Taschenbuch Verlag

fi 19077 / 1

Nina Pauer

LG;-)

Wie wir vor lauter Kommunizieren unser Leben verpassen

224 Seiten. Gebunden

Die meisten von uns haben längst ein zweites, ein virtuelles Ich im Internet, das ihren Alltag prägt wie nichts Vergleichbares zuvor. Wer nicht postet, ist nicht! Wer sich nicht einloggt, bleibt außen vor.

Nina Pauer erzählt und erklärt dieses neue Leben, das auch ihr eigenes ist. Sie klagt nicht über Facebook & Co., sondern beschreibt die Wirkung exzessiver Kommunikation bis tief in das analoge Leben hinein. Es handelt sich um nichts weniger als die einschneidendste Veränderung unserer heutigen Gesellschaft.

»Facebook und Twitter machen süchtiger als Alkohol.«
Studie der Chicago University

Jörg Schindler
Die Rüpel-Republik
Warum sind wir so unsozial?
256 Seiten. Klappenbroschur

Rüpel, Ignoranten, Sozialallergiker und andere Ichlinge – Menschen, die uns täglich auf offener Straße beleidigen; Kollegen, die rücksichtslos ihre Ellbogen ausfahren; Schmarotzer, die sich nicht darum scheren, ob andere auch noch etwas brauchen. Wir leben in einer Rüpel-Republik.

Was hat uns so unsozial werden lassen? Wo führt es hin, wenn jeder nur noch tut, was er für richtig hält und was zwar ihm nutzt, dafür aber anderen schadet? Und wieso wehren wir uns nicht dagegen? Jörg Schindler tritt eine überfällige Debatte über unsere immer rücksichtslosere Gesellschaft los und entwickelt Ideen und Lösungsansätze.